BASTELSPASS

Das große

Laternen-Bastelbuch

OZ creativ

Vorwort

Liebe Leserin, lieber Leser!

Bei solch einer Vielzahl von Laternen und Lampions fällt die Wahl nicht leicht. Aber Sie haben sicher Ihr Lieblingsmodell bereits entdeckt und können es kaum erwarten, endlich mit dem Nacharbeiten zu beginnen.

Bei der Auswahl der Laternenmodelle haben wir besonders darauf geachtet, dass Kinder angesprochen werden. Zahlreiche Tiermotive wie Katzen, Bären, Käfer, Vögel, Fledermäuse und sogar Elche werden ihre Anhängerschaft finden. Ganz zu schweigen von den fröhlichen Märchengestalten – sei es die hübsche Prinzessin, die freche kleine Hexe, der freundliche Drache oder das sanfte Einhorn.

Die Laternen sind ausschließlich aus Papieren hergestellt. Einige entstehen aus Pappmaché, d.h. aus Seiden- oder Transparentpapierstücken, die mit Hilfe von Tapetenkleister oder Serviettenkleber in mehreren Schichten auf einen Luftballon aufgeklebt werden und nach dem Trocknen dauerhaft verbunden sind. Bei den meisten der hier gezeigten Lampions handelt es sich allerdings um so genannte Steglaternen, bestehend aus zwei Seitenteilen und einem dazwischengesetzten Mittelsteg. Die Herstellung dieser Laternen wird auf Seite 6 ausführlich erklärt. Es empfiehlt sich also, zunächst die Seite 6 sowie die Seite 7, die Hilfsmittel und Zubehör präsentiert, genau zu studieren, bevor Sie mit der Gestaltung des von Ihnen ausgewählten Modells beginnen.

Die Herstellung der einzelnen Laternen wird Schritt für Schritt genau beschrieben. Die Anleitungen sind ausnahmslos sehr gut nachvollziehbar und erlauben ein unkompliziertes Nacharbeiten. Viele der Laternen können auch von Kindern selbst gebastelt werden. Jüngere Kinder brauchen vielleicht hier und da die Hilfestellung eines Erwachsenen, aber größere schaffen es ganz alleine. Vor allem ist auf einen vorsichtigen Umgang der Kinder mit den eingesetzten Leuchtmitteln zu achten. Brennende Kerzen und Teelichter sollten niemals unbeaufsichtigt bleiben. Wir empfehlen generell, dass das Anzünden nur im Beisein von Erwachsenen geschehen soll.

Neben genauen Materiallisten finden Sie an einigen Stellen hilfreiche Tipps und wichtige Hinweise. Exakte Vorlagen für die Motivteile der Laternen sowie Konstruktionszeichnungen finden Sie im hinteren Teil des Buches.

Nun bleibt uns nur, Ihnen viel Vergnügen zu wünschen, viele nette Bastelstunden mit der Familie und einen unvergesslichen Laternenumzug am Martinstag!

Ihre Redaktion

Inhaltsverzeichnis

Grundkurs Steglaternen

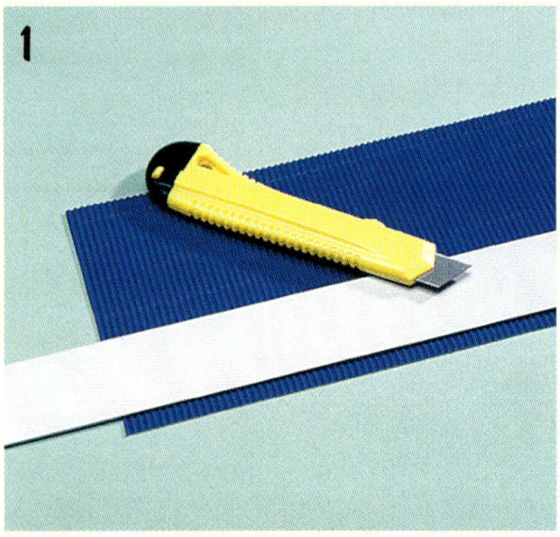

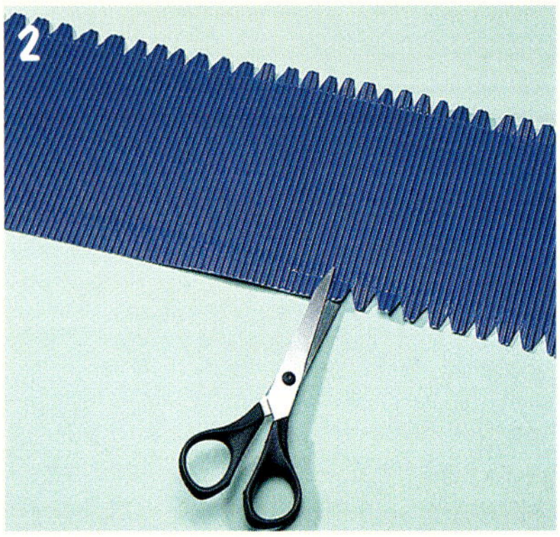

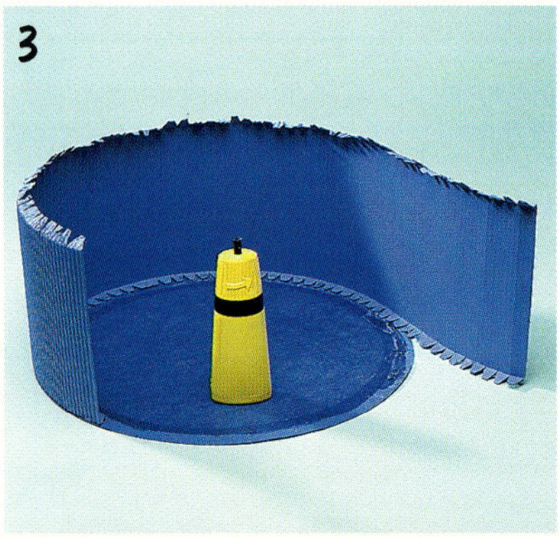

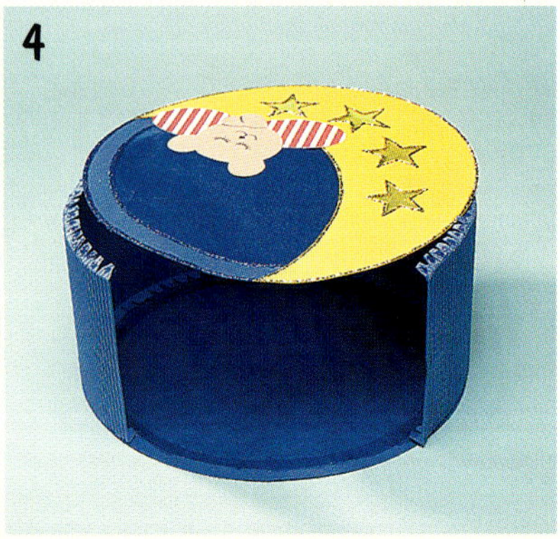

Grundmaterial

- Tonkarton oder Wellpappe
- Transparentpapier
- Falzbein
- Schere
- Cutter
- Lineal
- Bleistift
- Klebstoff

Bei vielen Motivlaternen werden Vorder- und Rückseite gegengleich gearbeitet und mit einem streifenförmigen Mittelteil bzw. Mittelsteg, der zumeist aus Tonkarton oder Wellpappe besteht, miteinander verbunden.

1. Als Erstes für das Mittelteil einen Kartonstreifen der Anleitung entsprechend zuschneiden. Bei Wellpappe darauf achten, dass die Rillen parallel zur kurzen Seite verlaufen, damit sich der Streifen schön rund legen lässt. Anschließend mit Hilfe von Lineal und Bleistift mit jeweils 1 cm Abstand zur Außenkante entlang den beiden Längsseiten Linien anzeichnen. Das Lineal anlegen und die Linien mit dem Falzbein rillen. Alternativ kann der Karton entlang den Falzlinien mit einer Schere leicht angerillt werden.

2. Anschließend die Längsseiten jeweils bis an die Falzkante heran im Abstand von etwa 1 cm zackenförmig einschneiden. So entstehen die Klebelaschen, mit deren Hilfe das Mittelteil zwischen Vorder- und Rückseite der Laterne fixiert wird. Die eingeschnittenen Klebelaschen mit dem Falzbein im 90°-Winkel umknicken.

3. Zuerst eine Laternenhälfte anbringen. Hierfür die Klebeflächen beider zu verbindenden Teile dünn mit Klebstoff einstreichen und antrocknen lassen. Dann beide Teile so fest wie möglich aufeinander pressen. Diese Methode bezeichnet man als Kontaktklebeverfahren. Durch das Antrocknen des Klebstoffes wird verhindert, dass überschüssiger Klebstoff beim Aufeinanderpressen hervorquillt und unschöne Spuren hinterlässt. Ebenso kann auch nur eine Seite der zu verbindenden Zuschnitte sehr dünn mit Klebstoff versehen werden.

4. Die zweite Laternenhälfte auf die beschriebene Weise ebenfalls anbringen. Bei diesem Schritt hat sich ein Falzbein als überaus vorteilhaftes Hilfsmittel erwiesen, um alle Klebelaschen im Laterneninneren fest andrücken zu können.

Hilfsmittel und Zubehör

Leuchtmittel

Im Fachhandel gibt es spezielle Kerzenhalter für Wachskerzen (Abb. 1a) oder Teelichter (Abb. 1b), die man mit einer daran befestigten Klammer am Laternenboden anbringt. In der Regel werden zwei überstehende Metalllaschen durch den Boden gesteckt und auf der Rückseite zur Fixierung auseinander gebogen. Die Metallhüllen sorgen dafür, dass die Kerze einen sicheren Stand hat.
Als sehr komfortabel haben sich elektrische Laternenstäbe erwiesen. Diese werden in unterschiedlichen Längen angeboten und ähneln einer Angel mit Kabel und Glühbirnchen. Alternativ lässt sich auch eine kleine Taschenlampe in die Laterne legen. Bei Modellen, die aus Sicherheitsgründen unbedingt einen elektrischen Laternenstab erfordern, wird dieser explizit in der Materialliste aufgeführt.

Vorlagen übertragen

Für die einfachste und materialsparendste Methode, Vorlagen zu übertragen, werden lediglich Transparentpapier (Architektenpapier) und ein weicher Bleistift benötigt: Das Transparentpapier auf der Vorlage positionieren und alle Konturen abpausen.
Anschließend das Transparentpapier wenden und sämtliche Linien nachfahren. Das Transparentpapier erneut wenden, auf den gewünschten Untergrund legen und die Umrisse ein weiteres Mal mit Bleistift nachfahren. Dadurch wird die Bleistiftzeichnung auf den Untergrund übertragen. Alternativ kann auch Kohlepapier zum Abpausen verwendet werden. Allerdings sollte hierbei zuvor getestet werden, ob mit diesem Hilfsmittel nicht zu dicke und farbintensive Konturen auf den jeweiligen Untergrund übertragen werden. Wird ein Motiv mehrfach benötigt, lohnt sich die Anfertigung einer Schablone: Die Vorlage mit Transparentpapier abpausen, dieses auf einen dünnen Karton aufkleben und die Umrisse zuschneiden. Vor allem beim Arbeiten mit Kindergruppen sind Schablonen überaus hilfreich.

Die Aufhängung

Für eine stabile Aufhängung den Karton um die Aufhängung herum durch Klebefilm oder ein weiteres Kartonstück verstärken. Mit einer Lochzange oder einer Stopfnadel zwei gegenüberliegende Löcher ca. 1 cm unterhalb der Oberkante einstanzen.
Tragebügel (Abb. 2a) werden vorgefertigt im Handel angeboten und müssen nur noch eingehängt werden. Alternativ lassen sie sich auch eigenhändig aus Draht in die gewünschte Form biegen. Der klassische Laternenstab ist aus Holz (Abb. 2b). An einem Stabende ist schon ein Drahtstück mit einer Öse zum Aufhängen der Laterne angebracht.

Tipps und Tricks

Grundsätzlich eignet sich zum Ausschneiden eine spitze Papierschere. Beim Arbeiten mit Kindern

1

2

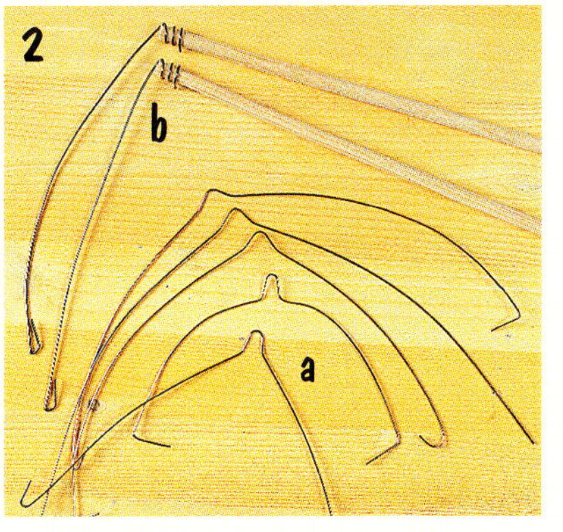

sollte eine kindersichere, abgerundete Bastelschere verwendet werden. Rundungen lassen sich am besten mit einer Nagel- oder Silhouettenschere ausarbeiten, für Innenausschnitte und enge Kurven empfiehlt sich ein Cutter. In diesem Falle zusätzlich eine Schneidematte verwenden. Müssen bestimmte Motivteile aus Tonkarton mit Transparentpapier hinterklebt werden, das Transparentpapier etwas größer zuschneiden, aufkleben und die Kontur entlang der Tonkartonkante sauber nachschneiden. Damit sich Tonkartonstreifen einem runden Laternenkörper besser anpassen, den Zuschnitt vor dem Einkleben glatt über eine Tischkante ziehen. Auf diese Weise wölbt sich der Tonkarton und wird flexibler.

Kater Maunz

Nachts sind alle Katzen grau? Stimmt gar nicht! Wenn Kater Maunz nachts unterwegs ist, leuchten nicht nur die Katzenaugen. Ein heller Schein fällt durch das weiße Tonpapier der Gesichtsfläche, eine Federboa ersetzt das weiche Katzenfell.

1. Zunächst die Vorlage für den Katzenkopf mit Hilfe von Transparentpapier und einem weichen Bleistift zweimal auf graues Tonpapier übertragen und zuschneiden. Mit einem Cutter die Innenteile sorgfältig herausschneiden.

2. Die Ausschnitte jeweils mit weißem Transparentpapier hinterkleben. Die Innenseiten der Ohren und die Nase in rosafarbenem, die Stirnhaare in schwarzem Tonpapier ausschneiden. Die Barthaare aus Rayon-Bast zuschneiden und zusammen mit der Nase aufkleben. Dann die rosafarbenen Ohrinnenseiten und die Stirnhaare mit Klebstoff befestigen. Mit dem schwarzen Filzstift den Mund, die Pupillen und die Bartpunkte aufmalen.

3. Das Mittelteil ebenfalls mit Hilfe von Transparentpapier und Bleistift auf graues Tonpapier übertragen und ausschneiden. Die zackenförmigen Klebelaschen mit Hilfe eines Falzbeins umfalzen (siehe Grundkurs Seite 6).

4. Nun das Mittelteil kantenbündig zwischen die beiden Katzenköpfe kleben. Dazu die Mitte des Streifens in der unteren Mitte der Köpfe ansetzen und zu beiden Seiten nach oben führen. Die Oberkante der Laterne bleibt offen.

5. Die schwarze Federboa auf dem Mittelteil befestigen. Zum Schluss für den Drahtbügel am Mittelteil etwa 1 cm vom Rand entfernt jeweils ein kleines Loch stanzen und die Drahtenden hindurchstecken. Das Leuchtmittel einsetzen. Für dieses Modell eignet sich am besten ein elektrischer Laternenstab (siehe Seite 7).

Material

- Tonpapier in Grau, Schwarz und Rosa
- Transparentpapier in Weiß und Grün
- Federboa in Schwarz, 40 cm lang
- Rayon-Bast in Schwarz, 3 x 15 cm lang
- weicher Bleistift
- Filzstift in Schwarz
- Schere
- Cutter
- Schneidematte
- Klebstoff
- Lineal
- Lochzange
- Falzbein
- Laternenbügel
- elektrischer Laternenstab

Modell 1, Vorlage auf Seite 68

Fröhlicher Piepmatz

Ob Papagei oder Paradiesvogel – zu welcher Spezies dieser Piepmatz gehört, lässt sich nicht mit Bestimmtheit sagen. Sicher ist jedoch, dass er ein wunderschönes Federkleid besitzt. Genau die richtige Laterne für alle, die kunterbunte Farben lieben!

1. Den Ballon aufblasen, die Öffnung verknoten und mit einem Stück Bindfaden abbinden. Das Seidenpapier in ca. 5 x 5 cm große Stücke reißen. Anschließend den Ballon mit verdünntem Serviettenkleber oder Tapetenkleister bestreichen und mit dem Borstenpinsel die Seidenpapierstücke auftupfen. Das Papier muss immer gut durchfeuchtet sein. Insgesamt fünf bis sechs Schichten Papier aufbringen. Den Serviettenkleber mehrere Stunden trocknen lassen. Bei Verwendung von Tapetenkleister zwei bis drei Tage Trocknungszeit einplanen.

2. Vom Mundstück des Ballons aus ca. 6 cm nach unten messen und markieren. Mit Hilfe des Bindfadens und eines Stiftes die Öffnung rundum aufmalen. Das Mundstück abschneiden und den Luftballon herausziehen. Den oberen Teil entlang der Markierung ausschneiden. Dieses Reststück in Orange bemalen und anschließend mit Klebstoff unten am Körper als Füße befestigen (siehe kleine Abbildung).

3. Die Formen für den Schnabel und die Flügel mit Hilfe von Transparentpapier und Bleistift auf Tonkarton in Rot und Grün übertragen und mit Schere oder Cutter ausschneiden. Schnabel, Flügel und Wackelaugen sorgfältig mit Klebstoff aufkleben.

4. Die Hahnenfedern auf die Flügel und die Marabufedern darüber kleben. Aus den Gänsefedern den Schwanz gestalten. Die Kokosfasern auf dem Vogelrücken über dem Schwanz anbringen (siehe kleine Abbildung).

5. Zum Schluss für den Drahtbügel ca. 1 cm vom Rand entfernt zwei sich gegenüberliegende Löcher stanzen, die Drahtenden hindurchstecken und den Laternenstab einhängen. Den Kerzenhalter im Laternenboden verankern und die Kerze hineinstellen.

Achtung: Das feuchte Seidenpapier färbt stark und die Flecken lassen sich nicht mehr entfernen. Es ist ratsam, eine Schürze und Gummihandschuhe anzuziehen.

Material

- Luftballon
- 7 Bogen Seidenpapier in Gelb
- Tonkarton in Rot und Grün
- Transparentpapier in Weiß
- weicher Bleistift
- Marabu-Servietten-Lack & Kleber oder Tapetenkleister
- 2 Beutel Hahnenfedern, bunt sortiert
- Beutel Gänsefedern, bunt sortiert
- Beutel Marabufedern in Gelb
- Beutel Kokosfasern in Orange
- 2 Wackelaugen
- Gummihandschuhe
- Schürze
- Marabu-BasicColor in Orange
- Bindfaden
- Schere
- Cutter
- Schneidematte
- Klebstoff
- Borstenpinsel
- Lochzange
- Laternenbügel
- Laternenstab
- Kerzenhalter
- Kerze

Modell 2, Vorlage auf Seite 69

Flotte Biene

Summ, summ, summ ...! Wer hat sich hier verirrt? Das Bienchen streckt neugierig seine Plüschfühler aus und raschelt aufgeregt mit den Flügeln. Es will seinen großen Auftritt beim Laternenfest auf keinen Fall verpassen.

1. Das Bauchteil mit Hilfe von Transparentpapier und Bleistift zweimal auf schwarzen Tonkarton, das Kopfteil zweimal auf gelben Tonkarton übertragen und ausschneiden. Anschließend die Innenflächen im Bauchteil mit einem Cutter sauber herausschneiden.

2. Als Nächstes die Innenflächen mit gelbem Transparentpapier hinterkleben. Haarteil, Nase und Augen ebenfalls mit Hilfe von Transparentpapier und Bleistift übertragen: das Haarteil zweimal auf schwarzes, die Nase zweimal auf rotes und die Augen je zweimal auf weißes Tonpapier. Die Motivteile sorgfältig ausschneiden. Haare, Nase und Augen jeweils auf ein Kopfteil kleben. Mit schwarzem Folienstift den Mund und die Pupillen, mit rotem Buntstift die Bäckchen aufmalen. Die fertigen Köpfe jeweils auf die Vorderseite eines Bauchteiles kleben.

3. Mit einer Lochzange jeweils zwei kleine Löcher in das obere Kopfteil stanzen. Für die Fühler zwei Stück Biegeplüsch in der Mitte durchschneiden, in den Löchern befestigen, in Form biegen und die Enden etwas einrollen.

4. Für das Mittelteil einen 15 x 63 cm großen Streifen aus schwarzem Tonkarton zuschneiden. Den Streifen mit zackenförmigen Klebelaschen versehen, wie im Grundkurs auf Seite 6 beschrieben, und diese umfalzen.

5. Nun das Mittelteil an den Klebelaschen kantenbündig zwischen beide Körperteile kleben. Dabei mit einer kurzen Seite in Höhe des Kopfes beginnen. Die obere Kante der Laterne bleibt offen.

6. Den Flügel zweimal auf weißes Transparentpapier übertragen und ausschneiden. Anschließend die Flügel zerknüllen und vorsichtig wieder glatt streichen, eventuell glatt bügeln. Die Flügel seitlich an die kurzen Kanten des Mittelteiles kleben.

7. Zum Schluss für den Drahtbügel am Mittelteil etwa 1 cm vom Rand entfernt zwei sich gegenüberliegende kleine Löcher stanzen und die Drahtenden hindurchstecken. Das Leuchtmittel einsetzen (siehe Seite 7) und den Laternenstab anbringen.

Material

- Tonkarton in Schwarz und Gelb
- Tonpapier in Schwarz, Rot und Weiß
- Transparentpapier in Gelb und Weiß
- weicher Bleistift
- Folienstift in Schwarz
- Buntstift in Rot
- Biegeplüsch in Schwarz
- Schere
- Cutter
- Schneidematte
- Klebstoff
- Lineal
- evtl. Bügeleisen
- Lochzange
- Falzbein
- Laternenbügel
- Laternenstab
- Leuchtmittel

Modell 3, Vorlage auf Seite 70

Leuchtbär sucht Anschluss

Nach dem Martinsfest kann dieser süße Teddy im Kinderzimmer als Leuchtbär dienen und den Schlaf seines neuen Besitzers bewachen. Denn bei einem Leuchtbären als Schutzengel haben böse Geister keine Chance.

1. Zuerst alle Vorlagen für die Motivteile mit Hilfe von Transparentpapier und Bleistift auf den entsprechenden Tonkarton übertragen: das Kopfteil zweimal, die Ohren viermal auf hellbraunen Tonkarton, die Ohrinnenseiten viermal, die Schnauze zweimal auf dunkelbraunen Tonkarton, die Wangen viermal auf roten Tonkarton. Alle Motivteile sorgfältig ausschneiden. Anschließend beim Kopfteil die Innenflächen mit dem Cutter sauber herausschneiden.

2. Aus der Mobilefolie zwei Kreise ausschneiden, deren Radius ca. 1 cm größer ist als der der Kopfinnenfläche. Für das Mittelteil einen Streifen aus hellbraunem Tonkarton mit den Maßen 12 x 45 cm zuschneiden und mit zackenförmigen Klebelaschen versehen.

3. Auf die Bärenschnauze die Nase aufkleben und mit schwarzem Filzstift Mund und Barthaare aufmalen. Vom Plüsch jeweils einen schmalen Streifen für die Haare abschneiden und von hinten an den oberen Innenrand der Kopfformen kleben.

4. Die Mobilefolie von hinten an beiden Kopfformen befestigen. Auf die Gesichtsflächen die Wackelaugen, Mund und Wangen kleben. Die Ohrinnenflächen auf die Ohren kleben und diese von hinten jeweils an den Kopfformen fixieren.

5. Das Mittelteil an den Klebelaschen kantenbündig zwischen beiden Kopfteilen fixieren.

6. Für den Drahtbügel am Mittelteil etwa 1 cm von den Rändern entfernt zwei gegenüberliegende Löcher mit der Lochzange stanzen und die Drahtenden hindurchstecken. Das Leuchtmittel einsetzen und den Laternenstab anbringen.

Material

- Tonkarton in Hellbraun, Dunkelbraun und Rot
- Transparentpapier in Weiß
- weicher Bleistift
- transparente Mobilefolie, 0,2 mm stark
- Plüschstoff in Hellbraun
- 4 Wackelaugen, Ø 2 cm
- Filzstift in Schwarz
- Schere
- Cutter
- Schneidematte
- Klebstoff
- Lochzange
- Falzbein
- Laternenbügel
- Laternenstab
- Leuchtmittel

Modell 4, Vorlage auf Seite 71

Ri-Ra-Regenbogenfisch

Unser Regenbogenfisch möchte nicht in die Fluten des Meeres eintauchen, sondern sich beim Laternenumzug in seiner ganzen Pracht bewundern lassen. Sein Körper aus Regenbogenwellpappe und sein kunterbuntes Schuppenkleid leuchten im Kerzenlicht besonders schön.

1. Alle Vorlagen für die Motivteile mit Hilfe von Transparentpapier und einem weichen Bleistift auf den entsprechenden Untergrund übertragen: den Körper zweimal auf die Rückseite der Regenbogenwellpappe, Schwanz-, Bauch- und Rückenflosse je zweimal auf die Rückseite des Hologrammkartons (davon je einmal seitenverkehrt), das Gesicht einmal auf grünen und einmal auf gelben Tonkarton. Alle Teile ausschneiden. Die Innenflächen des Fischkörpers mit einem Cutter sorgfältig herausschneiden.

2. Mit dem Zirkel einen Kreis mit 3 cm Durchmesser auf Tonkarton aufzeichnen und ausschneiden. Mit Hilfe dieser Schablone viele bunte Transparentpapierschuppen herstellen. Dazu die Schablone auf Transparentpapier legen, mit Bleistift umranden und ausschneiden. Dann eine ausgeschnittene Innenfläche des Fischkörpers zweimal auf weißes Transparentpapier legen und mit Bleistift umranden. Dabei rundherum etwa 1 cm Klebefläche hinzugeben und ausschneiden.

3. Die bunten Schuppen jeweils überlappend auf die weißen Transparentpapierzuschnitte kleben. Anschließend die Körperteile mit dem Schuppenmuster hinterkleben.

4. Für das Mittelteil von der Regenbogenwellpappe einen 13,5 x 50 cm großen Streifen zuschneiden. Entlang den Längskanten Klebelaschen einschneiden, wie auf Seite 6 beschrieben, und diese umfalzen. Das Mittelteil kantenbündig zwischen die beiden Körperteile kleben. Dabei beidseitig die Rückenflossen und den Schwanz mit einfassen. An der oberen Kante bleibt die Laterne ein Stück offen.

5. Die Vorderflossen und die Gesichter beidseitig aufkleben. Auf jedem Gesicht ein Wackelauge anbringen.

6. Zum Schluss für den Drahtbügel am Mittelteil etwa 1 cm von den Rändern entfernt zwei sich gegenüberliegende Löcher stanzen und die Drahtenden hindurchstecken. Das Leuchtmittel einsetzen (siehe Seite 7) und den Laternenstab einhängen.

Material

- Tonkarton in Gelb und Grün
- Hologrammkarton in Silber
- extrastarkes Transparentpapier in Weiß
- Transparentpapier in Gelb, Rot, Orange, Hellblau, Blau, Grün, Hellgrün, Lila und Weiß
- Regenbogenwellpappe
- 2 Wackelaugen, Ø 2,5 cm
- weicher Bleistift
- Schere
- Cutter
- Schneidematte
- Klebstoff
- Lineal
- Zirkel
- Lochzange
- Falzbein
- Laternenbügel
- Laternenstab
- Leuchtmittel

Modell 5, Vorlage auf Seite 72

Frecher Froschkönig

Sieht er nicht aus, als hätte er nur Flausen im Kopf? Bestimmt hat er etwas ausgefressen! Vielleicht grinst er aber auch deshalb so breit, weil er nach dem Kuss der Königstochter noch verzückt ist. Witzig ist er jedenfalls und die gute Laune beim Martinsumzug somit garantiert!

1. Einen 25 cm breiten Streifen aus dem Konfettipapier ausschneiden. Die Länge des Streifens richtet sich nach dem Umfang des Laternenbodens.

2. Mit dem Riesen-Froschstempel auf den Streifen in gleichen Abständen verteilt drei Frösche aufstempeln. Anschließend die Konturen mit Folienstift in Schwarz nachfahren und nach Belieben oder gemäß Foto mit Wassermalfarben ausmalen. Die Farbe gut trocknen lassen.

3. Je ein Stück Karoband in Hellgrün am oberen und unteren Rand des Konfettipapierstreifens sorgfältig aufkleben. Zwischen die einzelnen Froschbilder in vertikaler Richtung weitere Karobandstücke aufkleben. Die Frösche sollten mittig zwischen den Bändern platziert sein.

4. Die Laterne zusammenbauen, d.h. den Streifen aus Konfettipapier sorgfältig um Laternenboden und -deckel kleben. Die Seitenkanten leicht überlappend verkleben. Hierfür beide Klebeflächen jeweils dünn mit Klebstoff bestreichen und diesen zunächst etwas antrocknen lassen. Anschließend die zu verbindenden Teile fest aufeinander pressen.

5. Für den Drahtbügel etwa 1 cm vom Rand entfernt zwei sich gegenüberliegende Löcher mit der Lochzange stanzen und die Drahtenden hindurchstecken. Das Leuchtmittel einsetzen (siehe Seite 7) und den Laternenstab anbringen.

6. Zum Schluss drei kleine Schleifen aus dem Karoband binden und als Fliegen auf den Hals jedes Frosches kleben.

Tipp: Stempel gibt es in vielen unterschiedlichen Designs. Gestalten Sie extrastarkes Transparent- und Konfettipapier mit weiteren Stempelmotiven und verwenden Sie gegebenenfalls auch Stempelkissen in anderen Farbtönen.

Achtung: Die Kerzen nie unbeaufsichtigt brennen lassen! Kinder sollten Kerzen und Teelichter nur unter Aufsicht von Erwachsenen anzünden.

Material

- Stempelkissen in Schwarz
- Riesen-Froschstempel
- Wassermalfarben in Grün und Orange
- Konfettipapier
- Karoband in Hellgrün
- Laternendeckel, Ø 15,3 cm
- Laternenboden, Ø 15,3 cm
- Folienstift in Schwarz
- Bleistift
- Schere, Klebstoff
- Lineal
- Lochzange
- Laternenbügel
- Laternenstab
- Leuchtmittel

Modell 6

Im Eulenwinkel

Eulen, Käuze und Uhus sind schöne, majestätische Vögel, die man oft nur schwer zu Gesicht bekommt. Ein Grund mehr, sich nach diesen reizvollen Vorbildern Laternen oder Windlichter zu bauen. Wer würde sich nicht gerne von dieser weisen Eule beim Martinsumzug begleiten lassen?

1. Die Vorlagen für Kopf und Körper der Eule mit Hilfe von Transparentpapier und Bleistift auf Tonkarton übertragen: den Körper zweimal auf dunkelbraunen, den Kopf auf hellbraunen Tonkarton. Die Teile sorgfältig ausschneiden. Die Bäckchen aus gelbem Tonkarton anfertigen. Die Innenteile an Kopf und Körper mit einem Cutter sauber herausschneiden.

2. Hinter Bauch, Augen, Schnabel und Ohren gelbes Transparentpapier kleben. Die Vorlagen für Wimpern, Nasenlöcher und Pupillen je viermal auf schwarzen Tonkarton übertragen, ausschneiden und jeweils gegengleich an den entsprechenden Stellen auf das gelbe Transparentpapier kleben.

3. Anschließend für das Mittelteil aus gelbem Tonkarton einen 15 x 70 cm langen Streifen schneiden, den Rand an beiden Seiten mit zackenförmigen Klebelaschen versehen und diese im rechten Winkel umfalzen (siehe Grundkurs Seite 6).

4. Damit sich der Tonkartonstreifen den Rundungen des Eulenkörpers besser anpasst, den Streifen vor dem Einkleben glatt über eine Tischkante ziehen. Dann die Außenseite der Zacken mit Kleber bestreichen und von innen zuerst an die eine, dann an die andere Eulenhälfte kleben. Oben an der Laterne eine Öffnung lassen.

5. Mit der Lochzange am oberen Rand der beiden Eulenköpfe etwa 1 cm vom Rand entfernt zwei sich gegenüberliegende Löcher stanzen, die Drahtenden hindurchstecken und an der Innenseite verknoten. Das Leuchtmittel einsetzen (siehe Seite 7) und den Laternenstab einhängen.

Material

- Tonkarton in Hellbraun, Gelb, Schwarz und Dunkelbraun
- Transparentpapier in Gelb und Weiß
- weicher Bleistift
- dünner Draht, ca. 20–30 cm lang
- Schere
- Cutter
- Schneidematte
- Klebstoff
- Lineal
- Lochzange
- Falzbein
- Laternenstab
- Leuchtmittel

Modell 7, Vorlage auf Seite 73

Zappelphilipp – rund und bunt

Dass das Gesicht dieses lustigen Gesellen seine Form erhält, verdankt er einem Luftballon. Er wird aufgeblasen und dicht mit Transparentpapierstückchen beklebt. Nach dem Trocknen den Ballon herausziehen, Arme, Beine und Kopfputz anbringen – fertig ist der Zappelphilipp!

1. Zuerst den Luftballon aufblasen und verknoten. Dann etwas Kleister nach Packungsangabe anrühren.

2. Das lilafarbene, grüne und blaue Transparentpapier in unregelmäßige Stücke reißen. Den Ballon dicht mit den eingekleisterten Transparentpapierstücken in zwei bis drei Schichten bekleben, dabei das obere Ende aussparen. Den Ballon zwei bis drei Tage trocknen lassen. Danach den Luftballon oben einschneiden, vorsichtig herausziehen, den Rand begradigen und dabei die Öffnung so groß ausschneiden, dass später der Laternenstab gut durchpasst.

3. Die Vorlagen für Augen, Mund und Nasenloch auf Transparentpapier übertragen und ausschneiden. Diese Schablonen auf den Papierballon legen und mit einem Filzstift umfahren. Augen, Nasenloch und Mund sorgfältig mit einem Cutter herausschneiden.

4. Die Nase von der Vorlage auf gelbes Transparentpapier übertragen und ausschneiden. Das Papier zu einer Tüte rollen, mit Kleber fixieren, den unteren Rand etwas einschneiden und den Nasenrand von innen an den Ballon kleben.

5. Die Augen und den Mund mit Transparentpapier in Gelb und Rot hinterkleben. Aus dem blauen Transparentpapier Zähne ausschneiden und am Mundrand befestigen. Aus grünem Transparentpapier die Pupillen ausschneiden und aufkleben.

6. Von der Fransengirlade Arme und Beine in der gewünschten Länge abschneiden und an den Ballon kleben. Ein Girlandenstück am oberen Ballonrand als Kopfputz befestigen.

7. Die Vorlagen für Hände und Füße mit Hilfe von Transparentpapier und Bleistift auf lilafarbenen Tonkarton übertragen, ausschneiden und anschließend an die Girlandenenden kleben.

8. Zum Schluss für den Drahtbügel ca. 1 cm vom oberen Rand entfernt zwei sich gegenüberliegende Löcher mit der Lochzange stanzen, die Drahtenden hindurchstecken und den elektrischen Laternenstab einhängen.

Tipp: Statt der Fransengirlande können für Arme und Beine auch Hexentreppen verwendet werden, die sich aus Krepppapierstreifen im Handumdrehen falten lassen.

Material

- Luftballon
- Transparentpapier in Lila, Blau, Rot, Grün, Gelb, Orange und Weiß
- weicher Bleistift
- Tapetenkleister
- Tonkarton in Lila
- Fransengirlande in Orange
- Filzstift
- Schere
- Cutter
- Klebstoff
- Lochzange
- Laternenbügel
- elektrischer Laternenstab

Modell 8, Vorlage auf Seite 74

Urzeitliches Dino-Treffen

Drei freundliche Dinos treffen sich zum Plausch und verabreden sich für den Laternenumzug. Dunkle Ecken müssen sie nicht fürchten, weil warmes Licht durch ihre Kugelbäuche dringt und die Umgebung erhellt.

1. Die Vorlagen für die Dino-Motivteile mit Hilfe von Transparentpapier und Bleistift auf Tonkarton in den entsprechenden Farben übertragen und ausschneiden. Von den Fußflächen pro Saurier vier Stück ausschneiden. Dabei am besten einen Cutter verwenden. Die Wangen sowie die Augen aus Tonpapier ausschneiden und aufkleben. Für das Weiße der Augen das „Konfetti" aus einem Locher verwenden. Köpfe und Schwänze auf die Lampions kleben.

2. Für die Beine pro Dino acht Tonpapierstreifen zuschneiden mit den Maßen 4 x 30 cm. Die Enden von je zwei Streifen im rechten Winkel zusammenkleben. Dabei einen Streifen 1 cm breit als Klebefläche überstehen lassen.

3. Nun so genannte Hexentreppen aus den Streifen flechten. Hierfür jeweils den unten liegenden Streifen so exakt wie möglich über den oberen Streifen falten, immer abwechselnd. Wenn die gesamte Länge des Streifens verarbeitet ist, die Enden mit Klebstoff fixieren und das überstehende Papier abschneiden.

4. Die Beine mit der Klebelasche an den Lampions befestigen und dann die Saurierfüße ans untere Ende der Hexentreppen kleben. Die Kerzen in die Halterungen stecken, die Laternenstäbe einhängen und fertig sind die tollen Lampiondinos!

Material

- Tonkarton in Hell- und Mittelgrün, Gelb, Hellorange und Rot
- Tonpapier in Gelb, Hellorange, Hell- und Mittelgrün, Schwarz und Weiß
- Transparentpapier in Weiß
- Kugellampions in Grün und Gelb
- weicher Bleistift
- Schere, Cutter
- Schneidematte
- Klebstoff
- Lineal
- Locher
- Falzbein
- 3 Laternenstäbe
- 3 Kerzen

Modell 9, Vorlage auf Seite 75

Leuchtkrake Lukas

Vom tiefsten Meeresgrunde steigt ein wundersames Getier empor. Acht Fangarme hat es, aber es sieht eigentlich ganz freundlich aus. Bei genauerer Betrachtung stellt sich heraus, dass Lukas Leuchtkrake nur aus einer harmlosen Pappmaché-Hülle besteht.

1. Den Luftballon aufblasen, die Öffnung verknoten und mit einem Stück Bindfaden abbinden. Dann etwas Kleister nach Packungsangabe anrühren.

2. Nun das Seidenpapier in ca. 5 x 5 cm große Stücke reißen. Anschließend den Ballon mit verdünntem Serviettenkleber oder Tapetenkleister bestreichen und die Seidenpapierstücke auflegen. Dabei die Papiere in unterschiedlichen Farben im Wechsel auf den Ballon kleben. Insgesamt fünf bis sechs Schichten auflegen. Mehrere Stunden trocknen lassen. Da Seidenpapier sehr färbt, ist es ratsam, Gummihandschuhe anzuziehen. Bei Verwendung von Tapetenkleister zwei bis drei Tage Trocknungszeit einplanen.

3. Vom Ballonmundstück aus ca. 14 cm nach unten messen und markieren. Mit Hilfe des Bindfadens und eines Filzstifts die Öffnung rundum aufmalen. Das Mundstück abschneiden und den Luftballon herausziehen. Den oberen Teil des Ballons der Markierung entlang sauber abschneiden. Den Rand in Abständen von 1–2 cm ca. 1 cm tief einschneiden. Die Kante innen mit etwas Kleister bestreichen, die Einschnitte nach unten klappen und andrücken.

4. Die Vorlagen für die Rahmen von Augen und Mund mit Hilfe von Transparentpapier und Bleistift auf das hellblaue Tonpapier übertragen und ausschneiden. Augen und Mund auf den Ballon legen, mit einem Filzstift an der Innenkontur entlangfahren und mit einem Cutter aus dem Ballon sorgfältig herausschneiden.

5. Damit sich die Rahmenteile von Augen und Mund den Ballonrundungen besser anpassen, die Teile an den Markierungen einschneiden und, am Einschnitt überlappend, auf dem Ballon befestigen.

6. Die Vorlagen für Augen und Mund zusätzlich auf das Transparentpapier übertragen und an der Außenkontur entlang ausschneiden. Die Pupillen auf mittelblaues Tonpapier übertragen, ausschneiden, auf die Augen aus Transparentpapier kleben und diese ebenso wie den Mund von innen am Ballon befestigen.

7. Für die Fangarme aus Hexentreppen 16 Tonpapierstreifen in Mittelblau mit den Maßen 2,5 x 70 cm zuschneiden. Die Enden von je zwei Streifen im rechten Winkel passgenau aufeinander kleben. Nun den unten liegenden Streifen so exakt wie möglich über den oberen Streifen falten und den Bruch falzen. Wenn die gesamte Länge des Streifens verarbeitet ist, die letzte Faltung mit Klebstoff sorgfältig fixieren.

8. Für die Füße alle Wattekugeln halbieren und mit roter Farbe bemalen. Als Fußsohlen acht Kreise mit einem Durchmesser von 3,5 cm aus mittelblauem Tonkarton zuschneiden und auf die Unterseiten der halbierten Wattekugeln kleben. Die Füße an den Hexentreppen und diese nun rundum gleichmäßig verteilt am Ballon befestigen.

9. Den Bierdeckel mit Tonpapier bekleben und zwei Schlitze für den Kerzenhalter einschneiden. Die Laschen des Kerzenhalters auf der Unterseite auseinander biegen. Den Bierdeckel mit der beklebten Seite nach oben unten in den Ballon kleben.

10. Zum Schluss für den Drahtbügel etwa 1 cm vom Rand entfernt zwei sich gegenüberliegende Löcher mit der Lochzange stanzen und die Drahtenden hindurchstecken. Die Kerze einsetzen und den Laternenstab einhängen.

Material

- Jumbo-Luftballon
- Seidenpapier in Dunkel- und Hellblau
- Tonpapier in Mittel- und Hellblau
- Transparentpapier in Gelb, Rot und Weiß
- Marabu-Servietten-Lack & Kleber oder Tapetenkleister
- weicher Bleistift
- 4 Wattekugeln, Ø 25 mm
- Bindfaden
- Gummihandschuhe
- Filzstift in Schwarz
- Marabu-Decormatt Acryl in Kirschrot
- runder Bierdeckel
- Pinsel
- Schere, Cutter
- Kraftkleber
- Lineal
- Lochzange
- Falzbein
- Laternenbügel
- Laternenstab
- Kerzenhalter
- Kerze

Modell 10, Vorlage auf Seite 76

Feuerdrache

Unser kleiner Freund Feuerdrache schützt eine Lichtquelle in seinem Kugelbauch und geleitet uns sicher beim Laternenumzug.

1. Alle Vorlagen auf Tonkarton übertragen: Kopf, Flügel und Schwanz zweimal auf Grün, das Auge zweimal auf Schwarz, die Zacken sowie die Punkte auf Gelb und alles sorgfältig ausschneiden.

2. Die Kopf- und Schwanzteile jeweils deckungsgleich aufeinander kleben und die Zacken zwischenfassen. Jeweils beidseitig gelbe Punkte auf Schwanz und Kopf aufkleben. Augen anbringen und mit Deco Painter die Glanzlichter aufmalen. Kopf und Flügel gemäß der Vorlage mit Filzstift bemalen.

3. Den Kopf und den Schwanz gegenüberliegend am Rand des aufgeklappten Lampions befestigen. Die Flügel vorsichtig seitlich auf dem Lampion anbringen. Eine Kerze in die dafür vorgesehene Halterung stecken und den Laternenstab einhängen.

Tipp: Fertige Kugellampions gibt es vielen verschiedenen Farben. Gestalten Sie weitere Feuerdrachen mit Kugelbäuchen in Gelb, Rot, Grün ... Verwenden Sie zur Abwechslung auch andersfarbigen Tonkarton.

Material

- Kugellampion in Orange, Ø ca. 21 cm
- Tonkarton in Hellgrün, Gelb und Schwarz
- Transparentpapier in Weiß
- weicher Bleistift
- Marabu-Deco Painter in Weiß

- Pinsel
- Filzstift in Schwarz
- Schere
- Klebstoff
- Kerze
- Laternenstab

Modell 11, Vorlage auf Seite 77

Kleine Hexe Wackelzahn

Hexe Wackelzahn strahlt übers ganze Gesicht. Besonders stolz ist sie auf ihren schwarzen Hexenhut. Er steht ihr aber auch wirklich ausgezeichnet und passt hervorragend zu ihren feuerroten Haaren.

1. Die Vorlagen für die Motivteile mit Hilfe von Transparentpapier und einem weichen Bleistift auf die entsprechenden Untergründe übertragen: das Gesicht zweimal auf die Rückseite der braunen Wellpappe, die Haarteile jeweils auf Velourspapier in Orange, den Hut auf Moonrockpapier in Schwarz, die Bäckchen auf Tonkarton in Rosa, die Nase auf Tonkarton in Hellgrün und die Zähne auf Tonkarton in Weiß. Alle Teile sorgfältig ausschneiden. Die Innenausschnitte herausschneiden.

2. Die Gesichtsflächen jeweils mit gelbem Transparentpapier hinterkleben. Auf eine der gelben Gesichtsflächen Wackelaugen, Bäckchen und Nase aufkleben. Den Mund mit Folienstift aufmalen, dann die Zähne anbringen.

3. Für das Mittelteil von der Wellpappe einen 13,5 x 60 cm großen Streifen zuschneiden. Die Rillen verlaufen parallel zu den kurzen Seiten. Den Streifen mit zackenförmigen Klebelaschen versehen und diese umfalzen (siehe Grundkurs Seite 6).

4. Nun das Mittelteil an den Klebelaschen kantenbündig zwischen die beiden Gesichtsteile kleben. Die Oberkante bleibt offen.

5. Das kurze seitliche Haarteil, den Hut und danach das große Haarteil über dem Gesicht anbringen. Zum Schluss für den Drahtbügel am Mittelteil etwa 1 cm von den oberen Rändern entfernt zwei sich gegenüberliegende Löcher mit der Lochzange stanzen und die Drahtenden hindurchstecken. Das Leuchtmittel einsetzen und den Laternenstab einhängen. Für dieses Modell eignet sich am besten ein elektrischer Laternenstab (siehe Seite 7).

Material

- Feine Wellpappe in Hellbraun
- Transparentpapier in Gelb und Weiß
- Moonrockpapier in Schwarz
- Velourspapier in Orange
- Tonkarton in Hellgrün, Rosa und Weiß
- weicher Bleistift
- 2 Wackelaugen, Ø 18 mm
- Folienstift in Schwarz
- Schere
- Cutter
- Schneidematte
- Klebstoff
- Lineal
- Lochzange
- Falzbein
- Laternenbügel
- elektrischer Laternenstab

Modell 12, Vorlage auf Seite 78

Franz, der Frechdachs

Das freche Grinsegesicht und die abstehenden Ohren dieses Lausejungen sorgen für gute Laune. Die Laterne aus Bunt- und Regenbogentransparentpapier wird mit Fun Linern bemalt. Ein paar bunte Federn verleihen ihr den letzten Pfiff.

1. Zunächst die Vorlagen für die Laterne und die Haarsträhne mit Hilfe von Transparentpapier und einem weichen Bleistift auf Buntpapier übertragen und sorgfältig ausschneiden. Das geht am besten mit einem Cutter. Die Ohren ebenfalls mit Hilfe von Transparentpapier zweimal auf gelben und zweimal auf blauen Tonkarton übertragen und ausschneiden. Den Boden in den Maßen 13,5 x 13,5 cm aus gelbem Tonkarton zuschneiden.

2. Auf das Regenbogentransparentpapier mit Fun Linern in den entsprechenden Farben, siehe Abbildung, oder nach Geschmack ein Gesicht aufmalen, die Ohren mit Kringeln ausgestalten und nach Herstellerangaben trocknen lassen oder aufplustern.

3. Nun das Gesicht hinter ein Laternenfenster kleben. Die übrigen Laternenfenster ebenfalls mit Regenbogentransparentpapier hinterkleben.

4. Die Kanten falzen und die Laterne zusammenkleben. Den Boden von unten gegen die Laterne kleben. Die Teile für die Ohren jeweils zusammenkleben, dabei die Federn zwischenfassen. Die Ohren an der markierten Linie nach beiden Seiten umknicken und an der Laterne befestigen. Dann noch die Haarsträhne am oberen Rand mittig aufkleben.

5. Den Kerzenhalter im Laternenboden verankern und die Kerze hineinstellen. Anschließend für den Drahtbügel an den Seitenflächen etwa 1 cm vom oberen Rand entfernt zwei sich gegenüberliegende Löcher stanzen und die Drahtenden hindurchstecken. Ganz zum Schluss den Laternenstab einhängen.

Material

- Regenbogenbuntpapier
- Regenbogentransparentpapier
- Tonkarton in Blau und Gelb
- Transparentpapier in Weiß
- weicher Bleistift
- Marabu-Fun Liner Magic in Hellgrün, Mittelgelb, Rosa, Orange und Azurblau
- 6 bunte Federn
- Schere
- Cutter
- Schneidematte
- Klebstoff
- Lineal
- Lochzange
- Falzbein
- Laternenbügel
- Laternenstab
- Kerzenhalter, Kerze

Modell 13, Vorlage auf Seite 79

Das Einhorn aus Fantasia

In Fantasia, seiner Heimat, fühlt sich unser Einhorn ganz besonders wohl, aber vielleicht lässt es sich ja hierher locken, um am Laternenumzug teilzunehmen? Wie auch immer es sich verhalten mag, wir lassen uns überraschen!

1. Zuerst die Vorlagen für die Motivteile mit Hilfe von Transparentpapier und Bleistift auf die entsprechenden Materialien übertragen: den Einhornkopf, die Augen und die Ohren jeweils zweimal auf Tonkarton in Lila, davon einmal seitenverkehrt, und das Horn einmal auf Tonkarton in Rosa. Alle Teile ausschneiden. Das Ausschneiden der Innenteile des Kopfes gelingt am besten mit einem Cutter. Das Mittelteil gemäß Schemazeichnung auf Tonkarton in Lila zeichnen und ausschneiden.

2. Das Transparentpapier mit dem Klebestift einstreichen und die Strohseide glatt aufbringen. So wird sie stabiler. Die Ausschnitte an den Einhornköpfen mit der Strohseide hinterkleben. Die Augen aus Tonkarton mit gelbem Transparentpapier hinterkleben und am Kopf anbringen. Die Gesichtslinien mit Fun Linern nachziehen und die Farbe zwei bis drei Stunden trocknen lassen.

3. Die Klebelaschen an den Markierungen des Mittelstreifens mit dem Falzbein falzen und knicken. Ebenso die Quermarkierungen falzen und knicken. Diesen Mittelsteg zwischen den beiden Kopfteilen befestigen. An der oberen Kante bleibt die Laterne offen.

4. Das Horn zur Tüte rollen, zusammenkleben und mit den Klebelaschen auf der „Stirn" am Mittelsteg befestigen. Mit Fun Linern in Gold und Silber eine Spirale aufmalen und trocknen lassen.

5. Für den Drahtbügel am Mittelsteg etwa 1 cm von den oberen Rändern entfernt zwei sich gegenüberliegende Löcher stanzen und die Drahtenden hindurchstecken. Das Leuchtmittel einsetzen und den Laternenstab einhängen.

Material

- Tonkarton in Lila und Rosa
- Strohseide in Pink
- extra starkes Transparentpapier in Gelb
- Transparentpapier in Weiß
- weicher Bleistift
- Marabu-Fun Liner Magic in Mittelblau
- Marabu-Fun Liner Glitter in Saphir, Gold und Silber
- Schere, Cutter
- Schneidematte
- Kraftkleber, Klebestift
- Lineal
- Lochzange
- Falzbein
- Laternenbügel
- Laternenstab
- Leuchtmittel

Modell 14, Vorlage auf Seite 80

Käfer Karl

Die Schuhe in schickem Hellgrün mit weißen Punkten, der Hut mit Herzchen verziert und die Flügel mit glitzernden Tupfen geschmückt – Käfer Karl hat sich fein herausgeputzt und möchte beim Laternenumzug alle Kollegen in den Schatten stellen.

1. Die Vorlage für den Körper des Käfers zweimal mit Hilfe von Transparentpapier und einem weichen Bleistift auf die Rückseite der Wellpappe übertragen und ausschneiden. Anschließend die Innenteile mit einem Cutter sauber herausschneiden.

2. Die Vorlagen für die übrigen Motivteile ebenfalls mit Hilfe von Transparentpapier und Bleistift auf die entsprechenden Untergründe übertragen: den Kopf und die Hände auf Tonkarton in Hautfarbe, die Flügel auf Tonkarton in Weiß, die Nase auf Tonkarton in Violett, Hut und Schuhe auf Tonpapier mit Herzen bzw. Punkten. Alle Motivteile mit Cutter oder Schere sorgfältig ausschneiden.

3. Das feste weiße Transparentpapier mit bunten Wachsmalstiften bemalen und von der Rückseite bügeln. Die Innenflächen der Körperteile mit dem fertigen Wachspapier hinterkleben.

4. Auf die Flügel mit Klebstoff kleine Punkte setzen, den Flitter auf die Punkte streuen. Trocknen lassen und den überschüssigen Flitter abschütteln.

5. Auf einem Körperteil den Kopf, darüber den Hut anbringen. Nase und Augen aufkleben, den Mund mit schwarzem Filzstift gestalten. Seitlich die Hände, im unteren Bereich die Schuhe fixieren. Die Flügel auf der Rückseite dieses Körperteils platzieren.

6. Für das Mittelteil von der Wellpappe einen 13,5 x 54 cm großen Streifen zuschneiden. Die Rillen der Wellpappe verlaufen parallel zu den kurzen Seiten. Anschließend die langen Seiten, wie im Grundkurs auf Seite 6 beschrieben, mit zackenförmigen Klebelaschen versehen und diese umfalzen. Den Mittelstreifen zwischen beide Körperteile kleben. Dabei mit einer kurzen Seite am oberen Flügelende beginnen. Die obere Laternenkante bleibt offen.

7. Vom rosa- und lilafarbenen Biegeplüsch je zwei 15 cm lange Stücke zuschneiden. Je zwei Stücke in unterschiedlichen Farben über die ganze Länge fest miteinander verdrehen, als Fühler an den Hut kleben und die Enden einrollen.

8. Zum Schluss für den Drahtbügel am Mittelstreifen etwa 1 cm von den oberen Rändern entfernt zwei sich gegenüberliegende Löcher stanzen und die Drahtenden hindurchstecken. Das Leuchtmittel einsetzen (siehe Seite 7) und den Laternenstab einhängen.

Material

- Feine Wellpappe in Lila
- extrastarkes Transparentpapier in Weiß
- Tonkarton in Weiß, Hautfarbe und Violett
- Tonpapier in Gelb mit Herzen, in Grün mit Pünktchen
- Transparentpapier in Weiß
- weicher Bleistift
- 2 Wackelaugen, Ø 1 cm
- Biegeplüsch in Lila und Rosa
- Wachsmalstifte in Lila, Pink, Gelb und Grün
- Streuflitter
- Filzstift in Schwarz
- Schere, Cutter
- Schneidematte
- Klebstoff
- Lineal
- Lochzange, Falzbein
- Bügeleisen
- Laternenbügel
- Laternenstab
- Leuchtmittel

Modell 15, Vorlage auf Seite 81

Prinzessin Tausendschön

Spieglein, Spieglein an der Wand, wer ist die Schönste im ganzen Land? Diese Prinzessin ist auf jeden Fall tausend mal schöner als alle ihre Artgenossinnen, was nicht zuletzt an ihrem hübschen Spitzenkragen und den funkelnden Ohrringen liegt.

1. Als Erstes alle Vorlagen für die Motivteile mit Hilfe von Transparentpapier und Bleistift auf die entsprechenden Papiere übertragen: das Kopfteil zweimal auf gelben Tonkarton, die Nase zweimal auf rotes, die Augen insgesamt viermal auf schwarzes Tonpapier und die Bäckchen viermal auf pinkfarbenes Transparentpapier. Alle Motivteile sorgfältig zuschneiden. Anschließend beim Kopfteil die Innenkontur mit einem Cutter herausschneiden.

2. Die Krone auf beiden Kopfzuschnitten jeweils mit einem etwa 10 x 18 cm großen Stück Hologrammfolie bekleben und die Folienränder entlang der Tonkartonkontur zuschneiden. Als Nächstes den Gesichtsausschnitt jeweils mit rosafarbenem Transparentpapier hinterkleben. Vorder- und Rückseite der Laterne hierbei gegengleich arbeiten.

3. Nase und Augen anbringen und mit Deco Painter in Weiß Glanzlichter in die Augen setzen. Die pinkfarbenen, kreisrunden Bäckchen ebenfalls aufkleben. Den Mund mit schwarzem Folienstift, die Haarlinien mit Fun Liner Magic in Gelb aufmalen und nach Herstellerangabe trocknen lassen.

4. Für das Mittelteil aus gelber Wellpappe einen 15 x 65 cm großen Streifen zuschneiden. Die Rillen sollten dabei parallel zu den kurzen Seiten verlaufen. Den Streifen mit zackenförmigen Klebelaschen versehen und diese umfalzen (siehe Grundkurs Seite 6).

5. Nun das Mittelteil an den Klebelaschen kantenbündig zwischen beiden Kopfteilen fixieren. Dazu die Mitte des Streifens in der unteren Mitte der Köpfe ansetzen und zu beiden Seiten nach oben führen. Oben bleibt die Laterne offen.

6. Zwei Stück Tortenspitze zuschneiden und jeweils als Kragen unter das Kinn kleben. Vier Stück Alufolie zu Kügelchen knüllen und als „Ohrringe" unterhalb der Ohren anbringen.

7. Zum Schluss für den Drahtbügel am Mittelteil etwa 1 cm vom Rand entfernt jeweils ein kleines Loch stanzen und die Drahtenden hindurchstecken. Das Leuchtmittel einsetzen (siehe Seite 7) und den Laternenstab anbringen.

Material

- Tonkarton in Gelb
- Tonpapier in Rot und Schwarz
- Transparentpapier in Rosa, Pink und Weiß
- Wellpappe in Gelb
- selbstklebende Hologrammfolie in Gold
- weicher Bleistift
- Tortenspitze
- Alufolie
- Marabu-Fun Liner Magic in Mittelgelb
- Marabu-Deco Painter in Weiß
- Folienstift in Schwarz
- Pinsel
- Falzbein
- Schere
- Cutter
- Schneidematte
- Klebstoff
- Lineal
- Lochzange
- Laternenbügel
- Laternenstab
- Leuchtmittel

Modell 16, Vorlage auf Seite 82

Gefräßige Nager

Oh weh! Da haben sich die frechen Mäuschen doch glatt über den Käse hergemacht. Aber in diesem Fall ist's halb so schlimm: Dank der sauber abgenagten Käselöcher entstehen besonders schöne Lichteffekte.

1. Die Vorlage für den zylindrischen Laternenkörper mit Hilfe von Transparentpapier und Bleistift auf gelben Glanzkarton übertragen. Dabei auch die Käselöcher einzeichnen. Anschließend die Käselöcher mit einem Cutter sorgfältig ausschneiden und mit gelbem Transparentpapier hinterkleben. Die Vorderseiten der Löcher mit Fun Liner Magic umranden und nach Herstellerangabe trocknen lassen.

2. Die Vorlage für die Käsestücke insgesamt sechsmal auf gelben Glanzkarton übertragen und ebenfalls ausschneiden. Das größere Käseloch mit dem Cutter ausschneiden, das kleinere Loch lässt sich mit dem Bürolocher ausstanzen.

3. Nun sechs Mäuse fertigen: Hierfür den Kopf jeweils auf grauen, die Ohrinnenteile auf rosafarbenen und die Nase auf Tonkarton in Dunkelrosa übertragen und ausschneiden.

4. Pro Maus drei kurze Kopfhaare aus Bast zuschneiden. Die Haare jeweils von hinten an den Kopf kleben, auf der Vorderseite Nase und Ohrinnenteile anbringen. Die Augen anschließend mit schwarzem Filzstift aufmalen.

5. Die langen Seiten des Laternenzuschnitts um die Laternenschachteln herum zum Zylinder zusammenkleben. Nun die Mäuseköpfe schräg versetzt über den Käselöchern platzieren und festkleben. Zwischen den Löchern die einzelnen Käsestücke mit Hilfe von Abstandhaltern gleichmäßig verteilt anbringen. Dadurch entsteht ein dreidimensionaler Effekt.

6. Für die Aufhängung zwei gegenüberliegende Löcher mit der Lochzange ausstanzen und den Laternenbügel befestigen. Abschließend das Leuchtmittel einsetzen (siehe Seite 7) und einen Laternenstab anbringen.

Tipp: Passend zum Thema sorgt ein neugieriges Kätzchen für große Aufregung in der Mäusewelt: Aus schwarzem Tonkarton die Silhouette einer sitzenden Katze zuschneiden und statt eines der Käsestücke bündig zur Laternenunterkante mit Abstandhaltern aufbringen.

Material

- Glanzkarton in Gelb
- Tonkarton in Grau, Rosa und Dunkelrosa
- Transparentpapier in Weiß und Gelb
- weicher Bleistift
- Laternendeckel, Ø 15 cm
- Laternenboden, Ø 15 cm
- Marabu-Fun Liner Magic in Mittelgelb
- Bast in Natur
- Abstandhalter
- Filzstift in Schwarz
- Schere
- Cutter
- Schneidematte
- Klebstoff
- Lineal
- Bürolocher
- Lochzange
- Laternenbügel
- Laternenstab
- Leuchtmittel

Modell 17, Vorlage auf Seite 83

Kunterbunter Leuchtdrachen

Schon das Laternengerüst – Wellpappe in allen Farben des Regenbogens – ist fröhlich bunt und das farbig leuchtende Transparentpapier sorgt für strahlenden Glanz. Farbige Haarbüschel und ein prächtiger Schweif lassen den Drachen zum besonderen Blickfang werden.

1. Zunächst die Vorlage für den Drachenrahmen mit Hilfe von Transparentpapier und einem weichen Bleistift zweimal auf die Rückseite der Regenbogenwellpappe übertragen. Anschließend die Außen- sowie die Innenkontur mit dem Cutter an einem Lineal entlang sorgfältig ausschneiden. Danach das Innenteil vorsichtig heraustrennen.

2. Die Laternenfenster mit orangefarbenem Transparentpapier hinterkleben. Die Vorlage für den Mund zweimal auf rotes Transparentpapier übertragen und ausschneiden.

3. Anschließend die hinterklebten Teile auf die Vorlage legen und die Wackelaugen sowie Pompon-Nasen an den eingezeichneten Stellen fixieren. Augenbrauen und Fältchen mit Filzstift aufmalen. Die zuvor ausgeschnittenen Münder ebenfalls beidseitig anbringen.

4. Für das Mittelteil einen ca. 46 x 6 cm langen Streifen Wellpappe mit je 1 cm Zugabe an beiden Längsseiten zuschneiden. Die Zugaben mit Hilfe des Falzbeins rillen und zu Klebelaschen umfalzen. Für die untere Drachenspitze werden die Zugaben auf halber Länge, also nach 23 cm, beidseitig keilförmig herausgeschnitten.

5. Den so gefertigten Mittelsteg zwischen Vorder- und Rückenteil des Drachens kleben. Dabei beide Klebeflächen jeweils mit Klebstoff dünn bestreichen und diesen zunächst etwas antrocknen lassen. Anschließend die zu verbindenden Teile fest aufeinander pressen.

6. Für den Drachenschweif aus gelber, grüner und orangefarbener Kordel einen ca. 35 cm langen Zopf flechten, dabei auf ca. 5 x 8 cm großen Transparentpapierstücken Schleifen in verschiedenen Farben einbinden. Mit der Scherenspitze vorsichtig ein Loch unten in die Spitze des Mittelstegs stechen, den Drachenschwanz nach innen einstecken und dort festkleben.

7. Aus ca. 20 cm langen Kordelstücken in Gelb, Hellgrün, Orange und Dunkelblau zwei „Quasten" binden und beidseitig im Zwischenteil oben in zwei ausgestanzte Löcher einbinden. Aus 10 cm langen Kordelstücken gewickelte Haarbüschel auf die obere Spitze des Drachengesichts kleben.

8. Als „Halterung" für den Kerzenhalter ein 6 x 8 cm großes Wellpappestück zuschneiden. Von der längeren Seite beidseitig eine 1 cm breite Klebelasche mit dem Falzbein falzen und die Laschen umknicken. Den Kerzenhalter auf diesem 6 x 6 cm großen Wellpappestück befestigen und dann innen quer in die Spitze des Drachens einkleben. Laternenbügel und Laternenstab anbringen.

Material

- Regenbogenwellpappe
- Transparentpapier in Orange, Rot, Lila, Gelb, Grün und Weiß
- 4 Wackelaugen, Ø 3 cm
- 2 Pompons in Rot, Ø 25 mm
- Jutekordel in Gelb, Hellgrün, Orange und Dunkelblau
- weicher Bleistift
- Folienstift in Schwarz
- Falzbein
- Schere
- Cutter
- Schneidematte
- Klebstoff
- Klebefilm
- Lineal
- Lochzange
- Laternenbügel
- Laternenstab
- Leuchtmittel

Modell 18, Vorlage auf Seite 84

Funkelnde Sonne

Selbst am trübsten aller Herbsttage geht hier die Sonne auf! Die Laterne besteht aus zwei runden Laternendeckeln und symmetrisch angeordneten Strahlen aus Tonkarton. Etwas Glitter sorgt für den notwendigen Glanz.

1. Beide Laternendeckel mit gelbem Decorlack einstreichen und trocknen lassen.

2. Anschließend die Vorlage für den zackenförmigen Sonnenstrahl insgesamt zwanzigmal mit Transparentpapier und Bleistift auf gelben Tonkarton übertragen. Danach die Zacken mit einem Cutter an einem Metalllineal entlang sorgfältig ausschneiden. Auf diese Weise lassen sich saubere Schnittkanten erzielen.

3. Einen der Laternendeckel als Schablone auf das gelbe Transparentpapier legen, mit dem Bleistift umfahren und zweimal ausschneiden. Die Laternendeckel mit den Transparentpapierzuschnitten hinterkleben.

4. Jeweils zehn Zacken strahlenförmig um die Vorderseite der Laternendeckel kleben. Hierfür zunächst einen Kreis aus fünf und anschließend einen Kreis aus weiteren fünf Zacken versetzt zueinander anbringen.

5. Anschließend für das Mittelteil einen Streifen von 37 x 8 cm aus gelbem Transparentpapier ausschneiden und an den Längsseiten in die Rückseite der beiden Laternendeckel einkleben. Ein Falzbein hilft beim Andrücken der Klebeflächen. Oben bleibt die Laterne ein Stück offen. Beim Anbringen des Mittelteils darauf achten, dass die Zacken von Vorder- und Rückteil deckungsgleich zueinander stehen.

6. Mit Fun Liner Glitter das Gesicht sowie die Strahlen dem nebenstehenden Foto entsprechend oder nach eigenem Belieben aufmalen. Alles gut trocknen lassen. Zum Schluss den Tragebügel befestigen und einen elektrisch betriebenen Laternenstab einhängen.

Material

- Tonkarton in Gelb
- Transparentpapier in Gelb und Weiß
- weicher Bleistift
- 2 Laternendeckel, Ø 11 cm
- Marabu-Decorlack Acryl in Gelb
- Marabu-Fun Liner Glitter in Rotgold
- Pinsel
- Falzbein
- Schere
- Cutter
- Schneidematte
- Klebstoff
- Metalllineal
- Lochzange
- Laternenbügel
- elektrischer Laternenstab

Modell 19, Vorlage auf Seite 85

Fröhliches Mondgesicht

Das ideale Modell für die ganz kleinen Laternenfans! Die schlichten Formen lassen sich einfach nachschneiden und mit ein wenig Hilfe schnell ausgestalten. Bunte Holzperlen dienen als verspielte Verzierung.

1. Als Erstes die Vorlage für den Kreis samt Mond und Stern zweimal auf blauen Tonkarton übertragen. Erst die Außenkontur, dann die Innenkonturen ausschneiden.

2. Die Innenflächen des Mondes mit orangegelbem Transparentpapier, die des Sterns mit Regenbogentransparentpapier hinterkleben. Bei der Ausgestaltung von Laternenvorder- bzw. -rückseite darauf achten, dass ein Teil seitenverkehrt gearbeitet wird.

3. Aus orangefarbenem Transparentpapier zwei Kreise für die Bäckchen, aus schwarzem Tonpapier zweimal das Auge zuschneiden. Die Zuschnitte auf die Mondgesichter kleben. Mit schwarzem Folienstift den Mund und die Sommersprossen aufmalen. Mit Deco Painter Glanzlichter auf die Augen setzen.

4. Für das Mittelteil aus blauer Wellpappe einen Streifen mit den Maßen 15 x 70 cm zuschneiden. An beiden Seiten zackenförmige Klebelaschen einschneiden, wie im Grundkurs auf Seite 6 beschrieben.

5. Das Mittelteil anhand der umgefalzten Klebelaschen zwischen Vorder- und Rückseite der Laterne einkleben. In das Mittelteil Löcher für den Laternenbügel stanzen.

6. Als Nächstes zwei jeweils etwa 20 cm lange Wollfäden zuschneiden. Jeden Faden bis zur Hälfte durch ein Loch für den Laternenbügel ziehen und verknoten. Einige bunte Holzperlen in verschiedenen Formen auffädeln, die Enden mit Knoten sichern.

7. Das Leuchtmittel einsetzen (siehe Seite 7), den Laternenbügel und den Laternenstab anbringen.

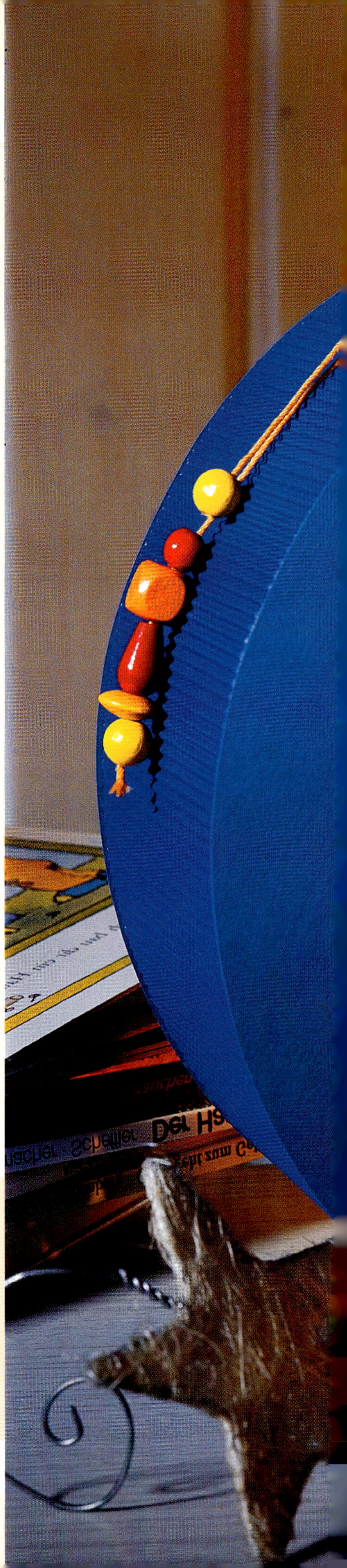

Material

- Tonkarton in Blau
- Wellpappe in Blau
- Transparentpapier in Orangegelb, Orange und Weiß
- Regenbogentransparentpapier (Verlauf Gelb-Orange)
- Tonpapier in Schwarz
- weicher Bleistift
- Folienstift in Schwarz
- Marabu-Deco Painter in Weiß
- Wollfaden in Gelb
- Holzperlen in verschiedenen Formen und Farben
- Falzbein
- Schere
- Klebstoff
- Lineal
- Lochzange
- Laternenbügel, Laternenstab
- Leuchtmittel

Modell 20, Vorlage auf Seite 86

Über den Wolken ...

... da funkeln die Sterne, dass es eine wahre Pracht ist. Ein Teil der Sterne wird mit Window Color gestaltet, eingestreuter Flitter bringt sie herrlich zum Strahlen und dank glitzerndem Hologrammkarton leuchten die Sterne an Laternenboden und -deckel freudig um die Wette.

1. Um die Ober- und Unterkante dieser zylindrischen Laterne farbig zu gestalten, den Laternendeckel sowie den Laternenboden mit hellblauem Decorlack einstreichen. Die Farbe trocknen lassen und bei Bedarf eine weitere Grundierung auftragen.

2. Dann aus Transparentpapier ein Rechteck zuschneiden, das den Maßen des Laternenzuschnitts entspricht. Auf dieses Rechteck die Vorlage für den Stern ca. fünfzehnmal in lockerer Anordnung mit Bleistift übertragen.

3. Anschließend den Laternenzuschnitt über das vorbereitete, mit Sternen bemalte Transparentpapier legen und mit Klebefilmstreifen befestigen. Um Grafitspuren auf der Folie zu vermeiden, am besten die Vorlage aus Transparentpapier umdrehen, so dass die bemalte Seite nach unten zeigt. Die Sterne mit Window Color der Vorlage entsprechend auf den Laternenzuschnitt malen.

4. Sofort etwas Hologrammflitter über die Sterne streuen, solange diese noch feucht sind. Die Window-Color-Farbe nach Herstellerangabe gut durchtrocknen lassen.

5. In der Zwischenzeit die Vorlage für den Stern siebenmal mit Hilfe von Transparentpapier und einem weichen Bleistift auf den Hologrammkarton übertragen. Zum Ausschneiden nach Möglichkeit einen scharfen Cutter verwenden, um unsaubere Schnittkanten zu vermeiden.

6. Nun den Laternenzuschnitt an die Innenseite des Laternenbodens kleben und auf der Rückseite mit Klebstoff zu einem zylindrischen Körper schließen. Anschließend den Laternendeckel aufsetzen und ebenfalls mit Klebstoff fixieren.

7. Das Transparentpapier „Wolken" dem Laternenzuschnitt entsprechend mit den Maßen 51 x 20,5 cm zuschneiden. Die Ober- und die Unterkante dünn mit Klebstoff versehen und von innen an der Window-Color-Folie anbringen. Dabei darauf achten, dass keine unschönen Knicke entstehen.

8. Als Nächstes die aus Hologrammkarton zugeschnittenen Sterne in lockerer Anordnung um die Ober- bzw. Unterkante der Laterne herum anbringen. Dabei können diese auch über den eigentlichen Laternenkörper hinausragen.

9. Mit Hilfe der Lochzange zwei gegenüberliegende Löcher unterhalb der Laternenoberkante stanzen und den Tragebügel anbringen. Ein Leuchtmittel, wie auf Seite 7 beschrieben, einsetzen und den Laternenstab einhängen.

Material

- Transparentpapier „Wolken" in Silber
- Transparentpapier in Weiß
- Hologrammkarton „Sterne" in Gold
- Laternenzuschnitt für Window Color, 51 x 20,5 cm
- Laternenboden, Ø 15 cm
- Laternendeckel, Ø 15 cm
- weicher Bleistift
- Marabu-Decorlack Acryl in Hellblau
- Marabu-fun & fancy in Gelb
- Pinsel
- Hologrammflitter
- Schere
- Cutter
- Schneidematte
- Klebstoff
- Klebefilm
- Lochzange
- Laternenbügel
- Laternenstab
- Leuchtmittel

Modell 21, Vorlage auf Seite 86

Leuchtende Blütenornamente

Bei dieser klassischen Lampionform wird für den Leuchtkörper Tonkarton, für die Hinterklebungen einfaches Seidenpapier in kräftigen, kontrastierenden Farben verwendet. Da die Laternenöffnung recht klein ist, empfiehlt sich der Einsatz eines elektrischen Laternenstabs.

1. Die Vorlage für den Laternenkörper – inklusive der Blütenornamente und Falzlinien – zweimal mit Hilfe von Transparentpapier und Bleistift auf schwarzen Tonkarton übertragen und der Außenkontur entlang zuschneiden.

2. Anschließend die Falzkanten mit Falzbein und Lineal rillen und umfalten. Nun den Zuschnitt wieder auf dem Arbeitsplatz ausbreiten und das Blütenornament sorgfältig mit einem scharfen Cutter ausschneiden.

3. Für die Hinterklebungen aus Seidenpapier eine Schablone anfertigen: Hierfür das auf der Vorlage mit einer Strichpunkt-Linie eingezeichnete Trapez auf Tonkarton übertragen und zuschneiden. Mit dieser Schablone die Form zehnmal aus Seidenpapier zuschneiden, pro Farbe zweimal. Die Blütenornamente mit den farbigen Seidenpapieren hinterkleben.

4. Als Nächstes jede Laternenhälfte für sich zu einem fünfseitigen Polygon falten und mit Klebstoff an der Klebelasche schließen. Anschließend die Formen aufeinander setzen und ebenfalls an den umgefalzten Klebelaschen miteinander verkleben. Die Nahtstellen nach dem Trocknen des Klebstoffs zusätzlich mit Klebefilm von innen verstärken.

5. Mit der Lochzange an der Oberkante zwei einander gegenüberliegende Löcher stanzen, den Laternenbügel hindurchstecken und in Form bringen. Abschließend den elektrischen Laternenstab anbringen.

Tipps: Die hier gezeigte Grundform lässt sich übrigens auch für stimmungsvolle Windlichter verwenden. Hierfür lediglich den unteren Teil der Laterne zuschneiden, wie oben beschrieben verzieren, zusammenfalten und mit Klebstoff fixieren. Ein Windlicht mit Kerze hineinstellen – fertig!

Zu dieser klassischen Lampionform passen auch andere grafische Muster, so beispielsweise schlichte Linien oder Kreise. Ebenso bietet es sich an, Motivlocher einzusetzen.

Material

- Tonkarton in Schwarz
- Seidenpapier in Blau, Rot, Violett, Hellgrün und Gelb
- Transparentpapier in Weiß
- weicher Bleistift
- Falzbein
- Schere
- Cutter
- Schneidematte
- Klebstoff
- Klebefilm
- Lineal
- Lochzange
- Laternenbügel
- elektrischer Laternenstab

Modell 22, Vorlage auf Seite 87

Wesen der Nacht

Wenn es dunkel ist, kommen diese Fledermäuse aus ihrem Versteck. Der verwendete Motivkarton ist bereits fertig bedruckt, so geht die Herstellung rasch von der Hand. Die hier gezeigte „Last-Minute-Laterne" wird in jedem Falle rechtzeitig fertig.

1. Für den zylindrischen Laternenkorpus aus dem Motivkarton ein Rechteck mit den Maßen 15 x 36 cm zuschneiden. Anschließend mit dem Motivlocher kleine Sterne über den ganzen Laternenzuschnitt verteilt ausstanzen. Dabei darauf achten, dass nur unbedruckte Flächen des Motivkartons ausgestanzt werden.

2. Als Nächstes wird der Motivkarton hinterklebt. Hierfür aus gelbem Transparentpapier ebenfalls ein Rechteck mit den Maßen 15 x 36 cm zuschneiden. Die Rückseite des Laternenzuschnitts dünn mit Klebstoff bestreichen, dabei darauf achten, dass die Sternenkonturen ebenfalls, möglichst knappkantig, mit wenig Klebstoff versehen werden. Das gelbe Transparentpapier auflegen und mit den Händen sorgfältig glatt streichen. Möglichen Überstand an Ober- bzw. Unterkante des Laternenzuschnitts entlang den Motivkartonkanten mit einem scharfen Cutter abschneiden. Dabei ein Lineal zu Hilfe nehmen.

3. Anschließend den auf die beschriebene Weise gestalteten Laternenzuschnitt um den Laternenboden herum kleben und die Rückseite zu einem zylindrischen Körper schließen. Den Laternendeckel einsetzen und ebenfalls mit Klebstoff fixieren.

4. Mit der Lochzange unterhalb der Oberkante zwei einander gegenüberliegende Löcher stanzen und den Laternenbügel anbringen. Ein Leuchtmittel, wie auf Seite 7 beschrieben, einsetzen und den Laternenstab befestigen.

Tipps: Da der Motivkarton unter Spannung steht, wenn er zum zylindrischen Laternenkörper geschlossen wird, ist es hilfreich, die vertikale Klebekante so lange mit Wäscheklammern zu fixieren, bis der Klebstoff ganz getrocknet ist. Darüber hinaus lässt sich die Klebekante von innen mit transparentem Klebefilm verstärken.

Achten Sie beim Hinterkleben des Motivkartons besonders darauf, die Konturen der sternförmigen Ausstanzungen fest anzudrücken. Andernfalls lösen sich diese vom Transparentpapier, sobald der Laternenzuschnitt gebogen wird.

Fertig bedruckten Motivkarton gibt es in den unterschiedlichsten Varianten. So lassen sich in Kombination mit jeweils passenden Motivlochern die unterschiedlichsten „Last-Minute-Laternen" kreieren.

Material

- Motivkarton „Fledermäuse"
- Transparentpapier in Gelb und Weiß
- weicher Bleistift
- Motivlocher „Stern"
- Laternendeckel, Ø 11 cm
- Laternenboden, Ø 11 cm
- Falzbein
- Schere
- Cutter
- Schneidematte
- Klebstoff
- Klebefilm
- Lineal
- Lochzange
- Laternenbügel
- Laternenstab
- Leuchtmittel

Modell 23

Poltergeist

Einerseits kann es dieser kleine Poltergeist kaum erwarten, auf dem nächsten Laternenumzug seinen Schabernack zu treiben. Andererseits kann er geduldig das ganze Jahr über als Tischlaterne im Kinderzimmer stehen.

1. Die Vorlage für das Gespenst mit Hilfe von Transparentpapier und einem weichen Bleistift zweimal auf weißen Tonkarton übertragen. Zunächst die Konturen und anschließend die Innenteile sorgfältig ausschneiden.

2. Aus extrastarkem Transparentpapier zwei dem Innenteil entsprechend große Stücke ausschneiden und die Körper damit hinterkleben.

3. Um die Gesichter zu gestalten, die Vorlagen für Augen und Nase jeweils zweimal auf gelbes bzw. rotes Tonpapier übertragen, zuschneiden und an entsprechender Stelle aufkleben. Mit schwarzem Filzstift Mund, Pupillen und Augenbrauen, mit orangefarbenem Buntstift kreisrunde Bäckchen aufmalen.

4. Für die Haarbüschel mit der Lochzange jeweils ein kleines Loch in den Oberkopf stanzen und auf der Vorder- wie auch auf der Rückseite je drei etwa 12 cm lange Wollfäden hineinknoten.

5. Für das Mittelteil einen Streifen mit den Maßen 15 x 58 cm aus weißem Tonkarton zuschneiden. Wie auf Seite 6 beschrieben, Klebelaschen einschneiden und falzen.

6. Die Mitte der Längsseiten markieren und beidseitig davon 9 cm anzeichnen. Hier Querlinien einzeichnen, mit der Schere anritzen und hochknicken. So erhält der Poltergeist eine plane Bodenfläche und einen sicheren Stand. Dann das Mittelteil einkleben.

7. Für die Aufhängung an der Oberkante des Mittelteils mit der Lochzange zwei gegenüberliegende Löcher stanzen und den Bügel einhängen. Das Leuchtmittel, wie auf Seite 7 beschrieben, einsetzen und einen Laternenstab anbringen.

Material

- Tonkarton in Weiß
- Tonpapier in Gelb und Rot
- extrastarkes Transparentpapier in Weiß
- Transparentpapier in Weiß
- weicher Bleistift
- Filzstift in Schwarz
- Buntstift in Orange
- Wollfaden in Weiß
- Falzbein, Schere
- Klebstoff
- Lineal
- Lochzange
- Laternenbügel
- Laternenstab
- Leuchtmittel

Modell 24, Vorlage auf Seite 88

Geisterstunde

Gespenstertanz im Burgverlies! Diese Gespenster sind jedoch gar nicht so wild, wie sie aussehen. Denn im Gegensatz zu ihren Artgenossen lassen sie sich ohne „auszubüchsen" problemlos herumtragen. Ganz gleich, ob zur Geisterstunde oder am helllichten Tage ...

1. Als Erstes den Laternenboden mit Decorlack bemalen und trocknen lassen. Bei Bedarf eine zweite Grundierung auftragen und ebenfalls trocknen lassen.

2. Die Vorlage für den Laternenkorpus mit Hilfe von Transparentpapier und einem weichen Bleistift auf schwarzen Tonkarton übertragen und zunächst die Außenkonturen ausschneiden. Anschließend die Fenster ebenso wie die Gespenstersilhouette sorgfältig ausschneiden. Hierfür am besten einen scharfen Cutter verwenden.

3. Die Turmfenster mit dem Transparentpapier „Gespenster" und das große Gespenst mit weißem Transparentpapier hinterkleben. Dabei die Tonkartonränder fest andrücken und darauf achten, dass kein Klebstoff hervortritt. Mit schwarzem Folienstift das Gespenstergesicht aufmalen.

4. Die Vorlagen für die zwei kleineren Gespenster auf weißen Tonkarton übertragen und ausschneiden. Mit Folienstift die Gesichter einzeichnen.

5. Den schwarzen Laternenzuschnitt in den Laternenboden einkleben und die Rückseite zu einem zylindrischen Körper schließen. Bei Bedarf die Klebekante zusätzlich von innen mit Klebefilm stabilisieren.

6. Die beiden aus weißem Tonkarton zugeschnittenen Gespenster auf der Vorderseite des Turms befestigen. Dabei darauf achten, dass der obere Geist über den Laternenrand hinausragt und einen Arm hinter einer Burgzinne versteckt. So entsteht der Eindruck von Räumlichkeit.

7. Zum Schluss mit der Lochzange in zwei einander gegenüberliegende Burgzinnen zwei Löcher stanzen und den Laternenbügel einhängen. Das Leuchtmittel, wie auf Seite 7 beschrieben, einsetzen und einen Laternenstab anbringen.

Tipp: Nach dem gleichen Prinzip lässt sich eine zauberhafte Märchenlaterne anfertigen. Die Grundform des Turmes bleibt bestehen, es ändern sich lediglich die Figuren. In der Mitte leuchtet eine ausgeschnittene Prinzessin, aus den Fenstern schauen verschmitzte Zwerge hervor. Und nicht zu vergessen: An der Oberkante der Laterne lauert die hinterlistige Hexe, an der Unterkante naht der rettende Prinz. Für eine solche Gestaltung passen am besten warme Farben, die im Dunkeln wunderschön leuchten ...

Material

- Tonkarton in Schwarz und Weiß
- Transparentpapier in Weiß
- Transparentpapier „Gespenster"
- Laternenboden, Ø 15 cm
- weicher Bleistift
- Marabu-Decorlack Acryl in Schwarz
- Folienstift in Schwarz
- Pinsel
- Falzbein
- Schere, Cutter
- Schneidematte
- Klebstoff
- Klebefilm
- Lineal
- Lochzange
- Laternenbügel
- Laternenstab
- Leuchtmittel

Modell 25, Vorlage auf Seite 89

Leuchtender Kürbisgeist

Schaurig, schaurig geistert's durch den Abendnebel. Aber in Wirklichkeit ist dieser Grinsekürbis gar nicht so grimmig, wie es den Anschein hat. Vielmehr freut er sich über die Gelegenheit, auch nach Halloween noch zum Einsatz zu kommen ...

1. Die Vorlage für den Kürbis zweimal auf orangefarbene Wellpappe übertragen. Einmal davon gegengleich arbeiten. Als Nächstes die Umrisse ausschneiden und anschließend das Innenteil des Kürbisses mit dem Cutter sorgfältig heraustrennen.

2. Anschließend den äußeren Kürbisumriss zusätzlich auf gelbes Transparentpapier übertragen, ausschneiden und den Wellkartonzuschnitt aufkleben. Dabei darauf achten, dass das Transparentpapier schön straff ist.

3. Die Vorlage für Augen, Nase und Mund zweimal auf schwarzen Tonkarton, die Vorlage für die Blätter zweimal auf grünen Tonkarton übertragen und sorgfältig zuschneiden.

4. Für das Mittelteil einen 70 cm langen und 12 cm breiten Streifen aus grünem Tonkarton zuschneiden. Die Längsseiten mit Zacken versehen und diese zu Klebelaschen umfalzen (siehe Grundkurs Seite 6).

5. Den Kartonstreifen vorsichtig über eine Tischkante ziehen, bis er sich wölbt. Als Nächstes das Mittelteil von hinten an der Kürbisvorderseite festkleben. Nun die zweite Kürbishälfte anbringen.

6. Mit der Lochzange sowohl auf der Vorder- als auch auf der Rückseite in die Blätter ein Loch stanzen und ein Stück Draht bzw. einen Laternenbügel einhängen. Den Laternenstab anbringen und Leuchtmittel einsetzen (siehe Seite 7).

Material

- Tonkarton in Schwarz und Grün
- Wellpappe in Orange
- Transparentpapier in Gelb und Weiß
- weicher Bleistift
- Falzbein
- Schere
- Cutter
- Schneidematte
- Klebstoff
- Lineal
- Lochzange
- Kerze
- Laternenbügel oder Draht, ca. 30 cm lang
- Laternenstab
- Leuchtmittel

Modell 26, Vorlage auf Seite 85

Hexe auf Reisen

Wo dieses freche Hexlein wohl hinfliegt? Jedenfalls hat es sein schönstes und vor allem buntestes Flickenkleid angezogen. Doch bevor es losgehen kann, gibt's erst einmal eine anschauliche Schritt-für-Schritt-Anleitung ...

1

2

3

4

1. Alle Vorlagen samt Mittelteil zweifach auf den entsprechenden Ton- bzw. Motivkarton übertragen und zuschneiden. Die Innenteile mit dem Cutter heraustrennen. Beim Mittelteil die Schrägen für die Klebelaschen mit Cutter und Lineal zuschneiden (Abb. 1).

2. Zwei Kreise in der Größe des Kopfes aus rosafarbenem und zwei Kreise für die Wangen aus gelbem Transparentpapier zuschneiden. Die kleinen gelben Kreise auf die großen rosafarbenen kleben und die Gesichtsteile auf der Innenseite der Hexenkörper anbringen (Abb. 2). Augen aufmalen.

3. Den Umriss des Kleides zweimal aus einfachem Transparentpapier mit ca. 1 cm Randzugabe sorgfältig zuschneiden. Anschließend aus buntem Transparentpapier viele rechteckige Stücke ausreißen und zum Teil versetzt auf das Kleid kleben (Abb. 3). Die Hexenkörper mit den Flickenkleidern hinterkleben.

4. Anschließend die Hexe zusammensetzen: Die Hutteile auf den Haaren befestigen und an den Spitzen zusammenkleben (Abb. 4). Die Kanten des Mittelstücks nach innen falten und die Hexenkörper beidseitig ankleben. Dabei an der Bodenkante beginnen. Haare und Hut fixieren, die Nasen anbringen und als Nächstes deren Spitzen zusammenkleben.

5. Die Reisigzweige um den Bambusstab anordnen und mit dem Wabendraht festbinden. Den Besen an der Unterseite der Hexen-Laterne festkleben. Einen Laternenbügel und elektrischen Laternenstab anbringen.

Material

- Tonkarton in Dunkelrot, Hellrot und Orange
- Motivkarton „Sternchen" in Blau
- Transparentpapier in Rosa, Gelb, Dunkelblau, Hellblau, Orange, Lila, Grün und Weiß
- weicher Bleistift
- Bambusstab, ca. 40 cm lang
- Reisig
- Wabendraht in Gold
- Folienstift in Schwarz
- Falzbein
- Schere
- Cutter
- Schneidematte
- Klebstoff
- Klebefilm oder Heißkleber
- Lineal
- Lochzange
- Laternenbügel
- elektrischer Laternenstab

Modell 27, Vorlage auf Seite 90

Fledermaus-Rallye

Was für ein Glück, dass diese Laterne in sehr freundlich warmen Farben gestaltet wurde. So kommt keiner in Versuchung, sich vor der unaufhaltsam anrückenden Feldermaus-Rallye in Sicherheit zu bringen. Oder?

1. Die Vorlage für den großen Außenring der Laterne, den Körperring und Kopf der großen Fledermaus, den Körper der mittleren Fledermaus sowie die kleine Fledermaus zweimal auf violetten Tonkarton übertragen und zuschneiden.

2. Als Nächstes Flügel, Ohren und Bäckchen der großen Fledermaus sowie Flügel und Kopf der mittleren Fledermaus in zweifacher Ausfertigung auf pinkfarbenen Tonkarton übertragen und ebenfalls zuschneiden.

3. Den Körper und die Ohren der großen Fledermaus mit Transparentpapier hinterkleben. Die Flügel auf der Rückseite des Bauchs und die Ohren hinter dem Kopf fixieren. Nun den Kopf auf den Körper und die Bäckchen auf das Gesicht kleben. Bei der mittleren Fledermaus die Flügel ebenfalls hinter den Körper und den Kopf auf dem Körper anbringen.

4. Anschließend den Ausschnitt des großen Außenrings der Laterne mit gelbem Transparentpapier hinterkleben. Die Laternenrückseite gegengleich arbeiten.

5. Für das Mittelteil der Laterne aus violettem Tonkarton einen 70 x 15 cm langen Streifen zuschneiden. Für die Klebelaschen den Rand an beiden Seiten zackenförmig mit Schere oder Cutter einschneiden, die Zacken vorsichtig umfalzen (siehe Grundkurs Seite 6). Den Kartonstreifen rund formen, die Klebeflächen mit Klebstoff bestreichen und von innen an die Laternenhälften kleben. Oben eine Öffnung lassen.

6. Am oberen Rand mit der Lochzange zwei gegenüberliegende Löcher stanzen und den Laternenbügel einhängen. Alternativ ein Drahtstück anbringen, so dass ein Steg für den Laternenstab entsteht, und das Leuchtmittel einsetzen (siehe Seite 7).

Material

- Tonkarton in Violett und Pink
- Transparentpapier in Gelb, Flieder und Weiß
- weicher Bleistift
- Filzstift in Schwarz
- Falzbein
- Schere, Cutter
- Schneidematte
- Klebstoff
- Lineal
- Lochzange
- Laternenbügel oder dünner Draht, ca. 20–30 cm lang
- Laternenstab, Leuchtmittel

Modell 28, Vorlage auf Seite 91

Vorsicht, Elch!

Aus den Tiefen skandinavischer Wälder hat der Elch seinen Weg bis zu uns gefunden. Und warum? Ganz einfach: Zunächst einmal findet er Laternenumzüge ziemlich unterhaltsam. Aber in Gesellschaft seiner Freunde fühlt er sich auch sehr wohl.

1. Als Erstes alle Vorlagen für die Motivteile zweimal auf die entsprechenden Untergründe übertragen und ausschneiden: den Bauch auf orangefarbenen, den Kopf ebenso wie die Hufe und Beine auf hellbraunen, das Geweih auf dunkelbraunen Tonkarton. Die Nase aus schwarzem, die Augen aus weißem und die Ohrinnenteile aus hautfarbenem Tonpapier arbeiten.

2. Anschließend die Innenfläche der Bauchteile jeweils sorgfältig herausschneiden. Die Ausschnitte mit braunem Transparentpapier hinterkleben. Dabei den Tonkartonrand sorgfältig andrücken.

3. Als Nächstes Nase, Augen und Ohrinnenteile jeweils auf der Vorderseite, das Geweih auf der Rückseite eines Kopfteiles fixieren. Achtung! Vorder- und Rückseite der Laterne müssen gegengleich gearbeitet werden.

4. Nun das Elchgesicht gestalten: Pupillen, Mund und Huflinien mit schwarzem Filzstift, das Wangenrot mit Buntstift aufmalen.

5. Für das Mittelteil einen 12 x 35 cm großen Streifen aus naturfarbener Wellpappe zuschneiden. Darauf achten, dass die Rillen parallel zu den kurzen Kanten verlaufen. Entlang den Längskanten jeweils 1 cm vom Rand entfernt eine Falzlinie anzeichnen. Die Längskanten jeweils bis an die Falzlinie heran in dreieckige Klebelaschen schneiden (siehe Grundkurs Seite 6). Die Klebelaschen umfalzen, mit Klebstoff bestreichen und zwischen die beiden Bauchteile kleben.

6. Anschließend die Figuren gegengleich zusammensetzen: Über der Laternenöffnung die Köpfe auf dem Bauchteil fixieren, beidseitig die Hufe aufkleben. An der Unterkante die Beine anbringen.

7. An der Oberkante des Mittelteils zwei gegenüberliegende Löcher mit der Lochzange stanzen. Den Tragebügel einsetzen und den Laternenstab einhängen. Zum Schluss das Leuchtmittel einsetzen (siehe Seite 7).

Tipp: Wie auf dem Foto zu sehen, lässt sich ein und dasselbe Grundmodell für Serviettenringe oder Teelichthalter variieren. Hierfür die Vorlage entsprechend verkleinern und in die Körper so große Kreise einschneiden, dass ein Teelicht bzw. eine Serviette bequem hineinpassen.

Material

- Tonkarton in Orange, Hellbraun und Dunkelbraun
- Tonpapier in Schwarz, Weiß und Hautfarbe
- Wellpappe in Natur
- Transparentpapier in Braun und Weiß
- weicher Bleistift
- Filzstift in Schwarz
- Buntstift in Rot
- Falzbein
- Schere
- Cutter
- Schneidematte
- Klebstoff
- Lineal
- Lochzange
- Laternenbügel
- Laternenstab
- Leuchtmittel

Modell 29, Vorlage auf Seite 92

Schneemann in Sicht

Keine Angst vor Wasserpfützen! Der prächtige Schneemann mit der Pfanne auf dem Kopf schmilzt jedenfalls nicht so schnell dahin. Denn trotz seiner extravaganten Kopfbedeckung gehört er eher zu den ausgeglichenen Gemütern unter seinesgleichen ...

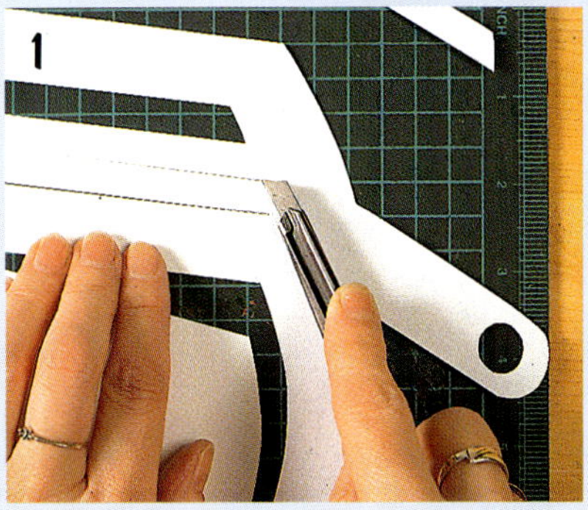

1. Die Vorlagen mit Hilfe von Transparentpapier und einem weichen Bleistift je zweimal auf den entsprechenden Karton übertragen. Dabei darauf achten, dass Vorder- und Rückseite der Laterne gegengleich gearbeitet werden müssen. Alle Teile ausschneiden, die Innenausschnitte mit dem Cutter heraustrennen (Abb. 1).

2. Als Nächstes alle Innenausschnitte hinterkleben: das Gesicht mit weißem, die Nase mit orangefarbenem Transparentpapier und den Bratpfannen-Hut mit schwarzer Strohseide. Hierfür jeweils den Kartonzuschnitt als Schablone auf das entsprechende Papier legen, außen umfahren und die Teile dann innerhalb der Linien ausschneiden. Die Nasenkontur wird ganz exakt, wenn sie zuerst auf ein größeres Stück Transparentpapier geklebt und dann ringsherum der Überstand abgeschnitten wird (Abb. 2).

3. Daraufhin alle Motivteile anbringen. Hierfür erst einmal die Zuschnitte probehalber auf dem Gesicht positionieren und anschließend aufkleben (Abb. 3 und 4).

4. Für das Mittelteil einen 63,5 x 8 cm langen, weißen Kartonstreifen mit je 1 cm Zugabe an beiden Längsseiten zuschneiden. Mit dem Falzbein die Linien der Zugaben falzen und knicken. Die Zugaben auf ganzer Länge gleichmäßig zackenförmig einschneiden (siehe Grundkurs Seite 6).

5. Das Mittelteil zwischen Vorder- und Rückseite der Laterne kleben. Zum Schluss mit der Lochzange zwei Löcher stanzen und den Laternenbügel einhängen. Ein Leuchtmittel einsetzen (siehe Seite 7) und den Laternenstab anbringen.

Material

- Tonkarton in Schwarz, Weiß und Rot
- Transparentpapier in Orange und Weiß
- weicher Bleistift
- Strohseide in Schwarz
- Falzbein
- Schere
- Cutter
- Schneidematte
- Klebstoff
- Lineal
- Lochzange
- Laternenbügel
- Laternenstab
- Leuchtmittel

Modell 30, Vorlage auf Seite 93

Vorlagen

Modell 1

Vorlage auf 110 %
vergrößern!

Modell 2
Vorlage auf 125 % vergrößern!

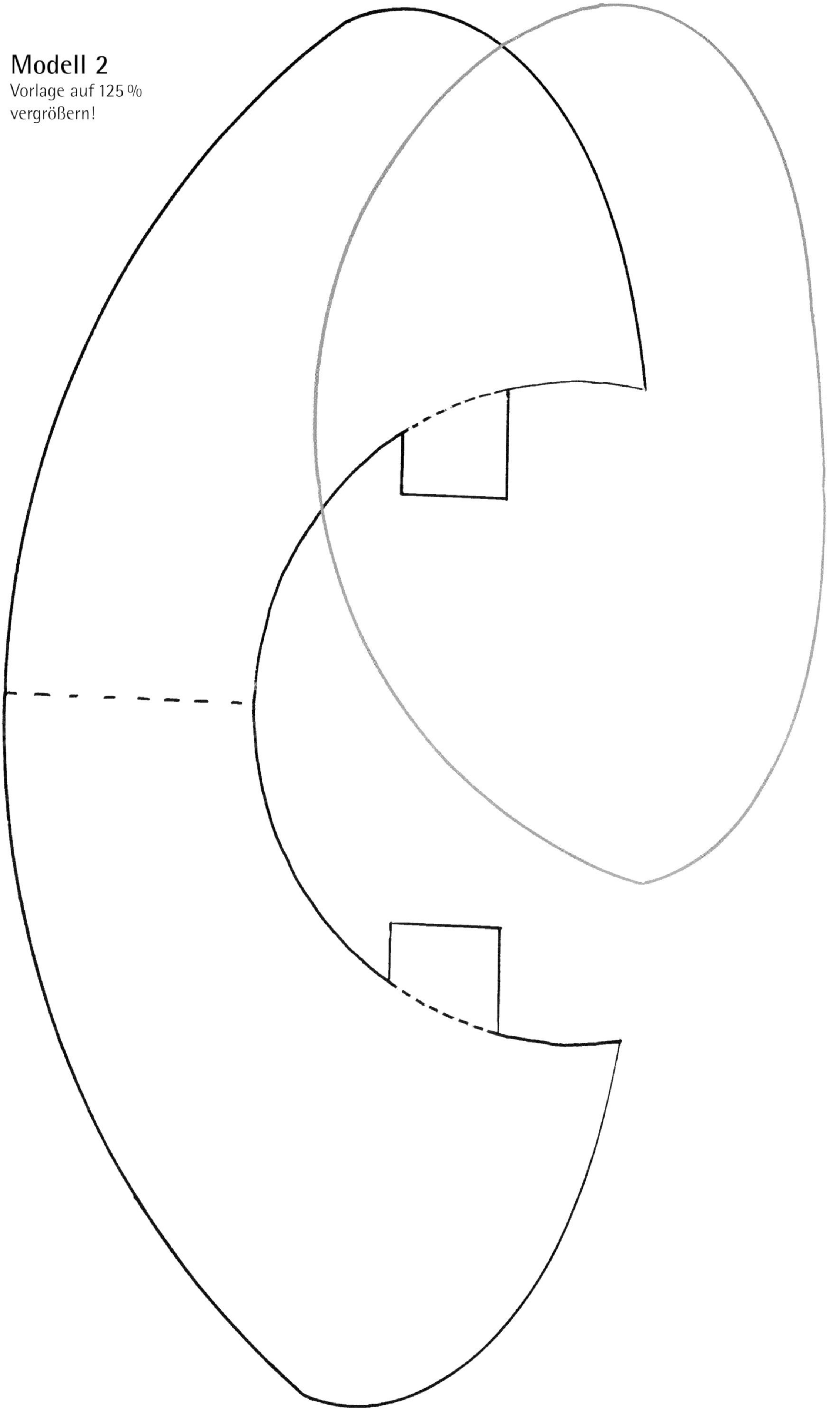

Modell 3

Vorlage auf 141 %
vergrößern!

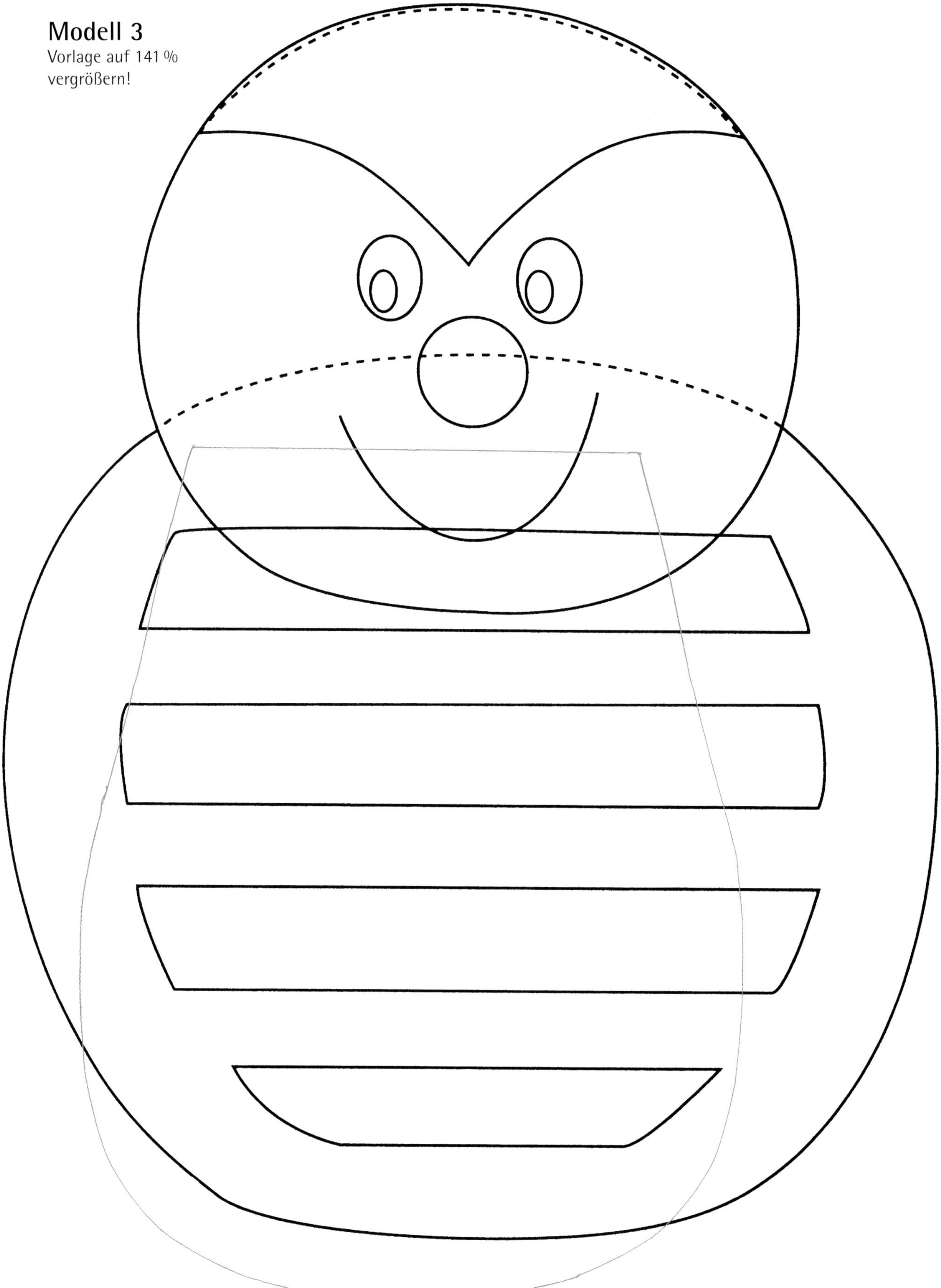

Modell 4

Vorlage auf 125 %
vergrößern!

Modell 5

Vorlage auf 141 %
vergrößern!

Modell 7
Vorlage auf 166 %
vergrößern!

Modell 8

Modell 9

Vorlagen auf 200 %
vergrößern!

Modell 10

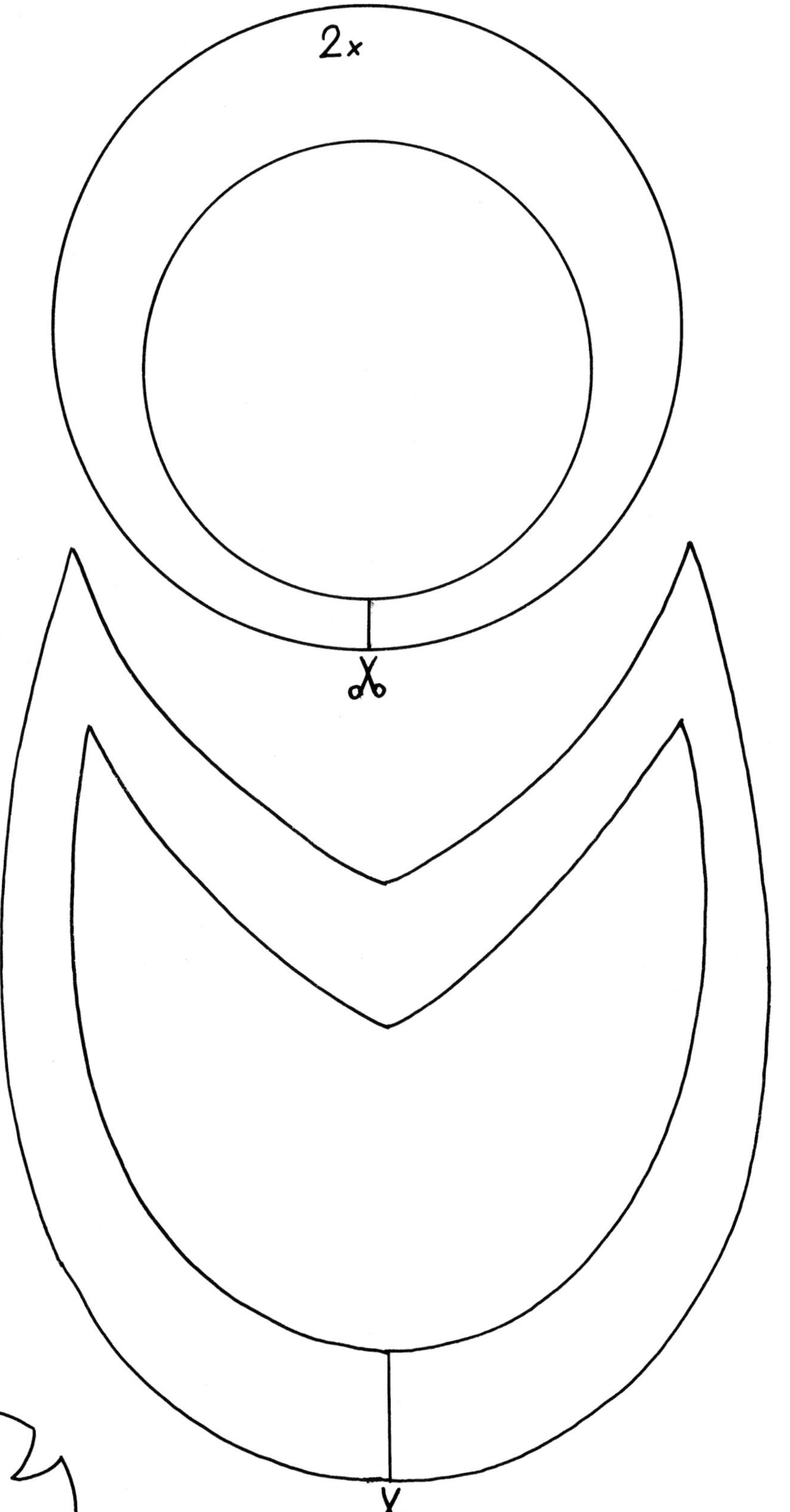

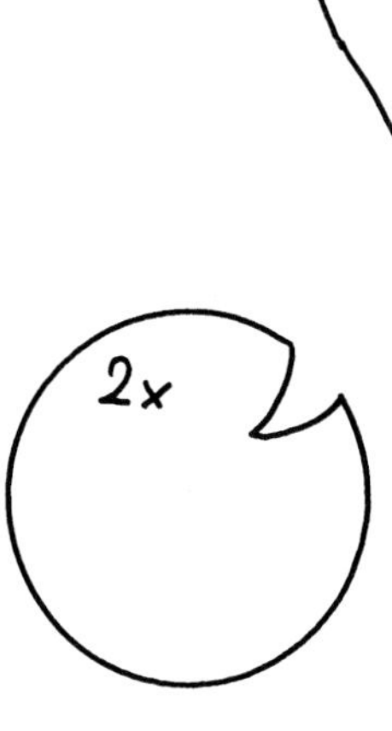

Modell 11

Vorlage auf 166 %
vergrößern!

Modell 12

Vorlage auf 141 %
vergrößern!

Modell 13

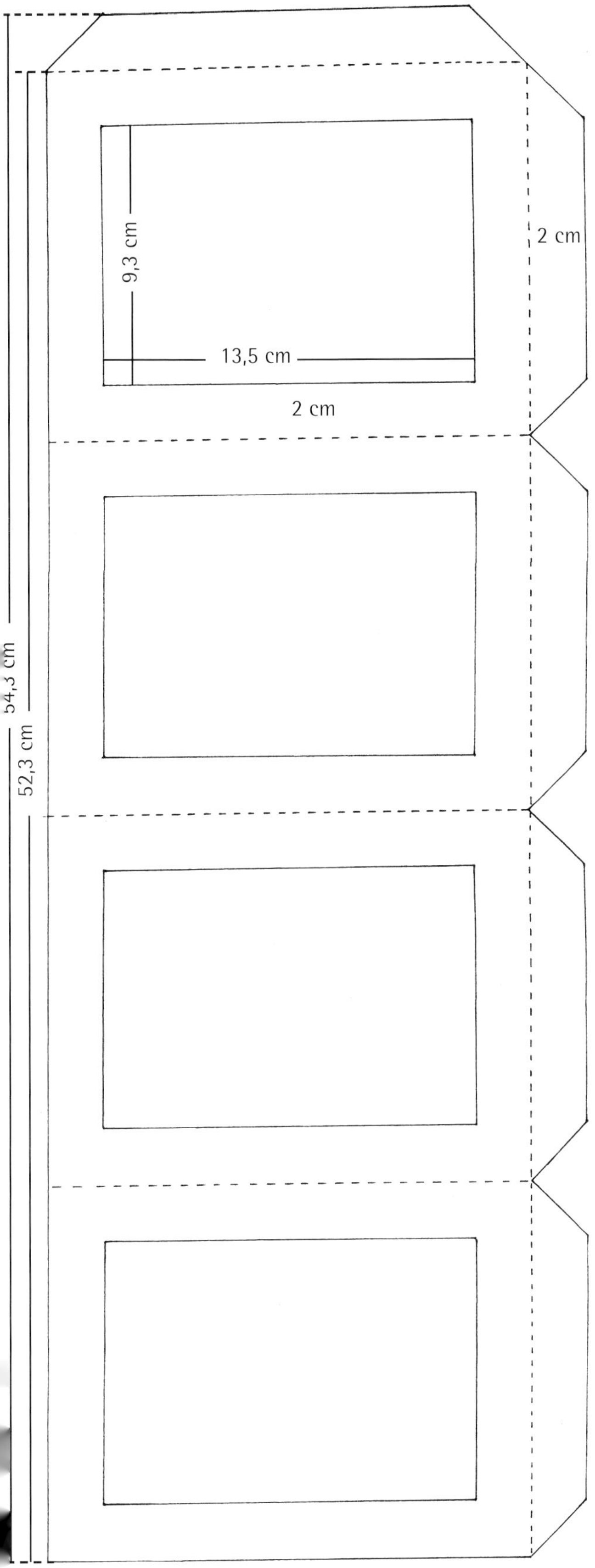

Modell 14

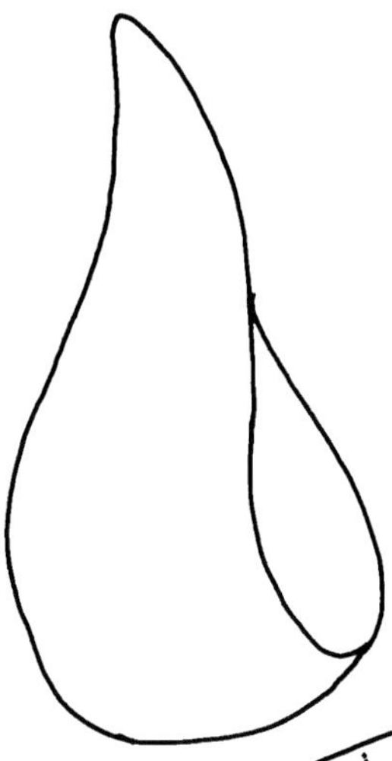

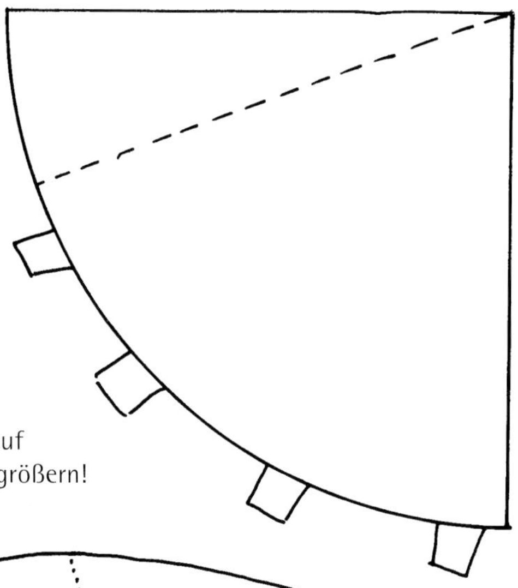

Vorlagen auf
140 % vergrößern!

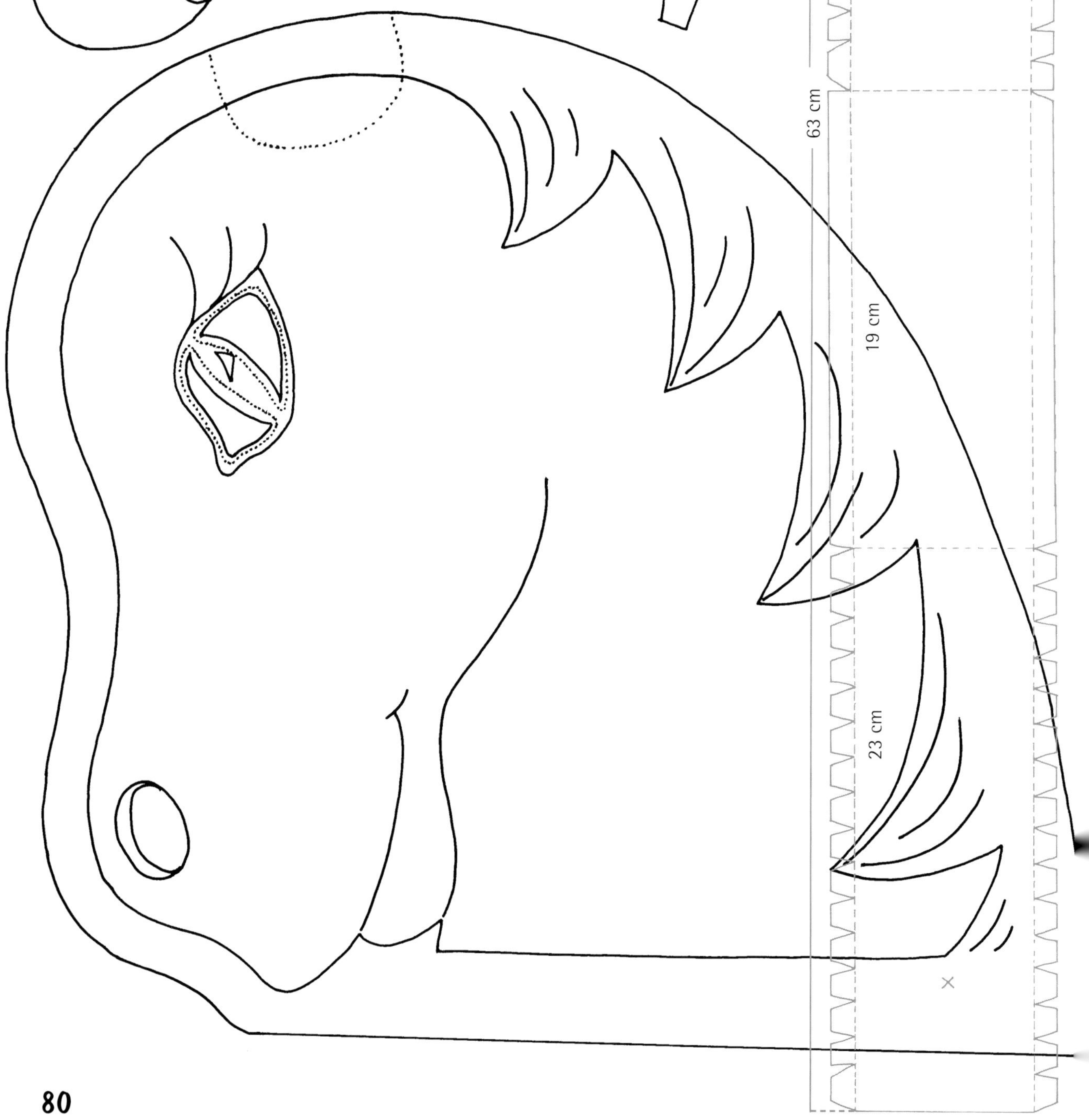

Modell 15

Vorlage auf 125 %
vergrößern!

Modell 16

Vorlage auf 141 %
vergrößern!

Modell 17

Vorlage auf 200 % vergrößern!

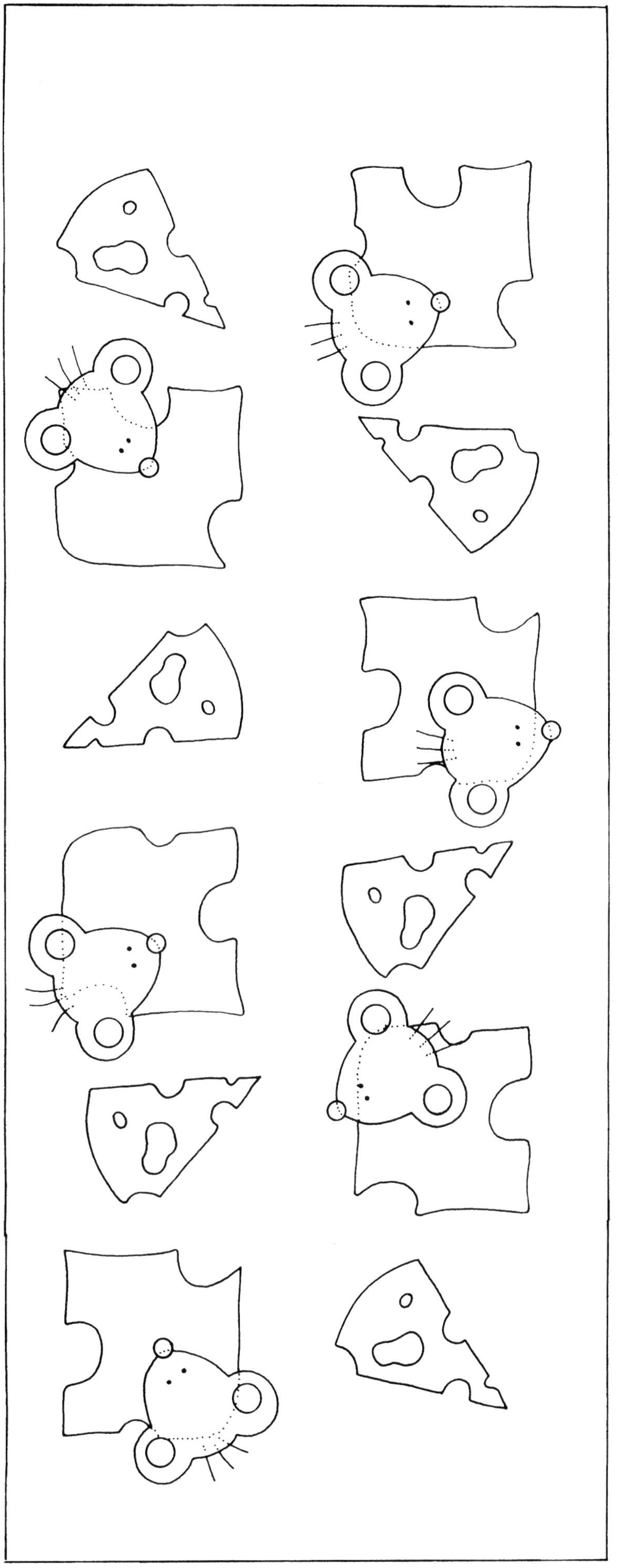

Modell 18

Vorlage auf 116 % vergrößern!

Modell 19

Modell 26

Vorlage auf 155 % vergrößern!

Modell 20

Vorlage auf 153 %
vergrößern!

Modell 21

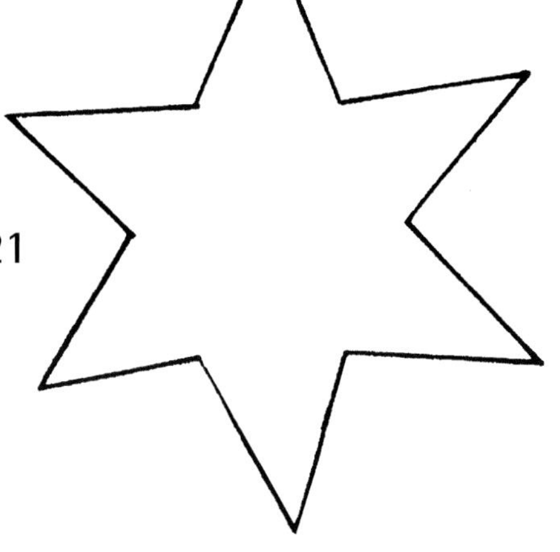

Modell 22

Vorlage auf 180 %
vergrößern!

Modell 24
Vorlage auf 166 %
vergrößern!

Modell 25

Vorlage auf 200 % vergrößern!

Modell 27

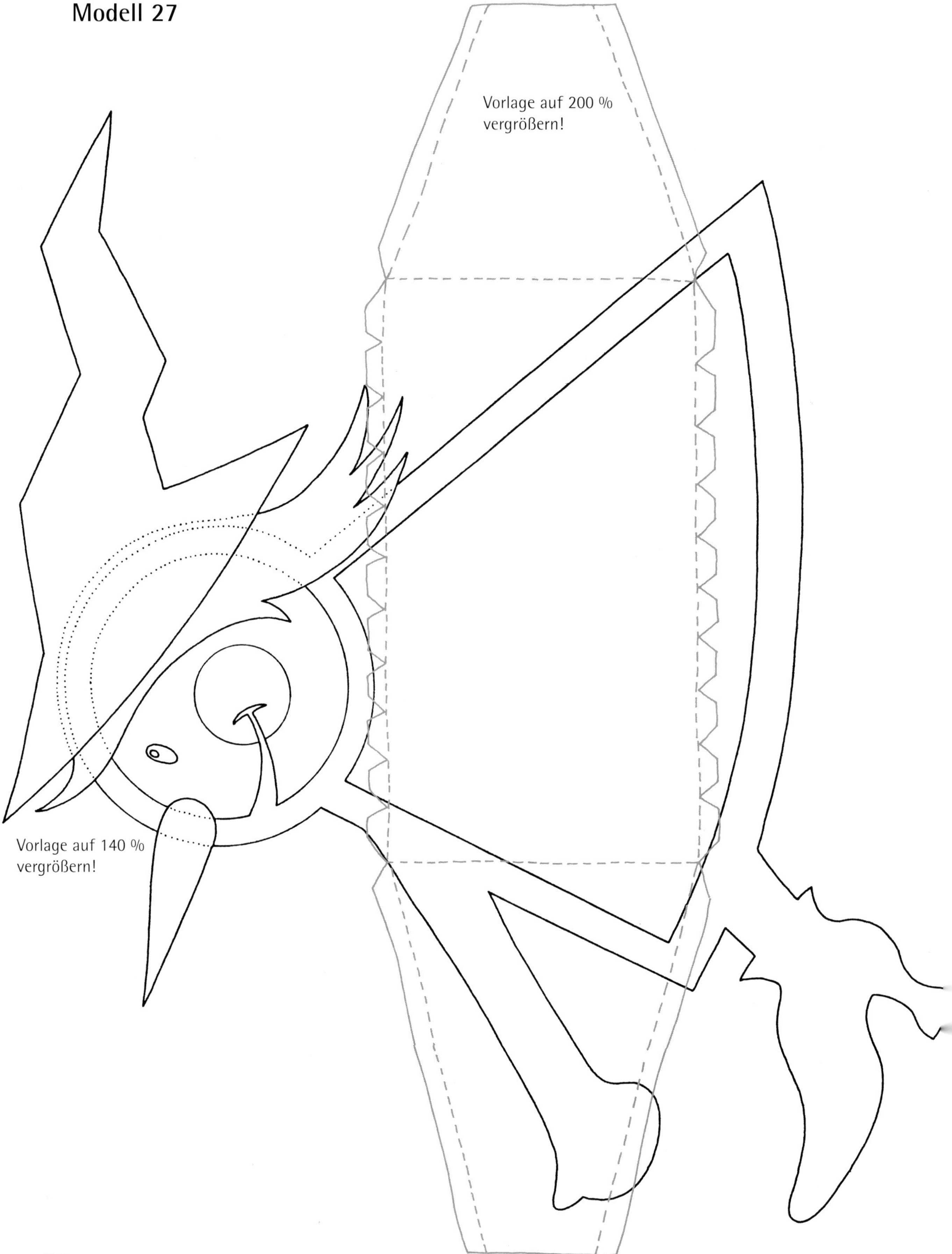

Modell 28

Vorlage auf 154 %
vergrößern!

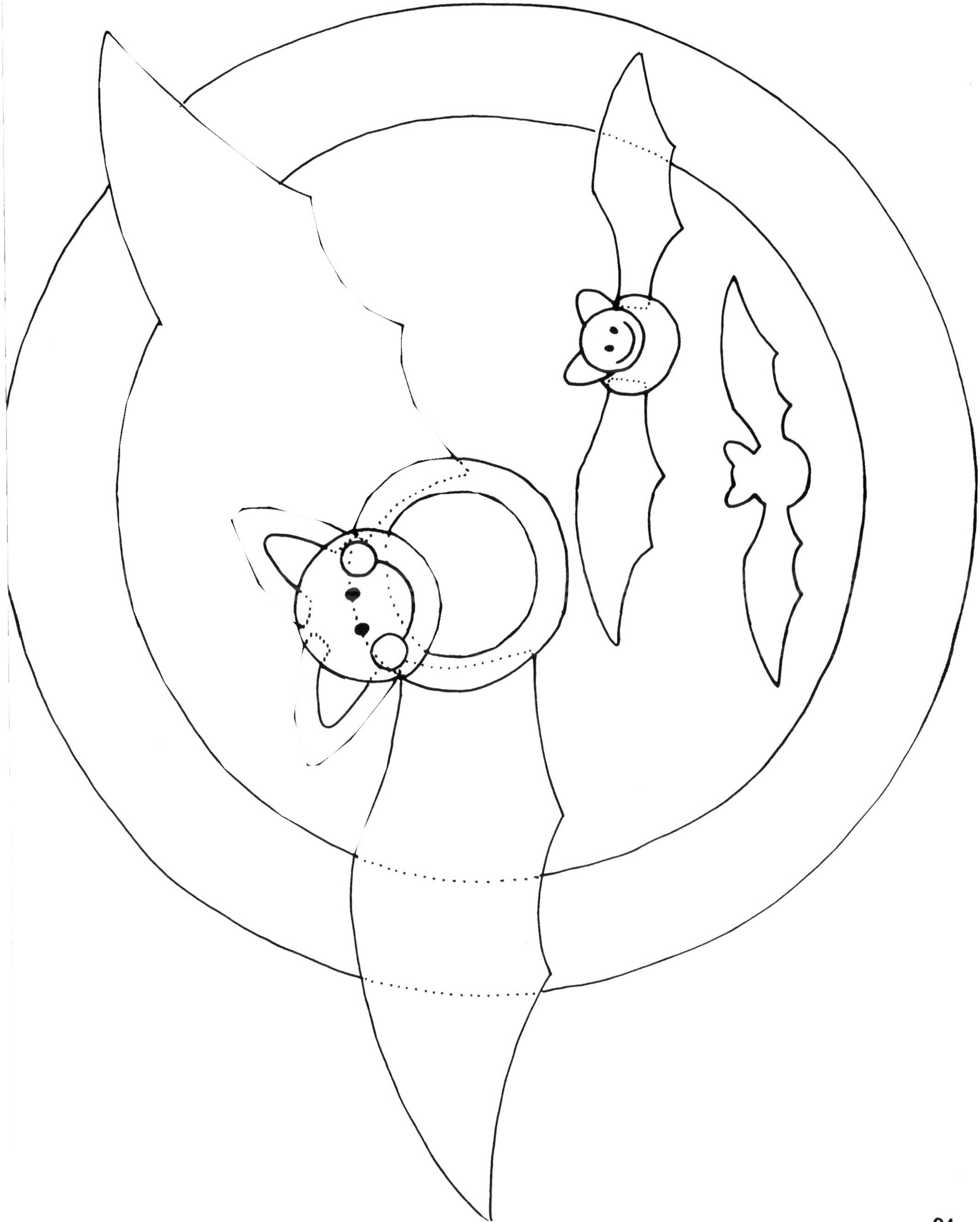

Modell 29

Modell 30

Vorlage auf 141% vergrößern!

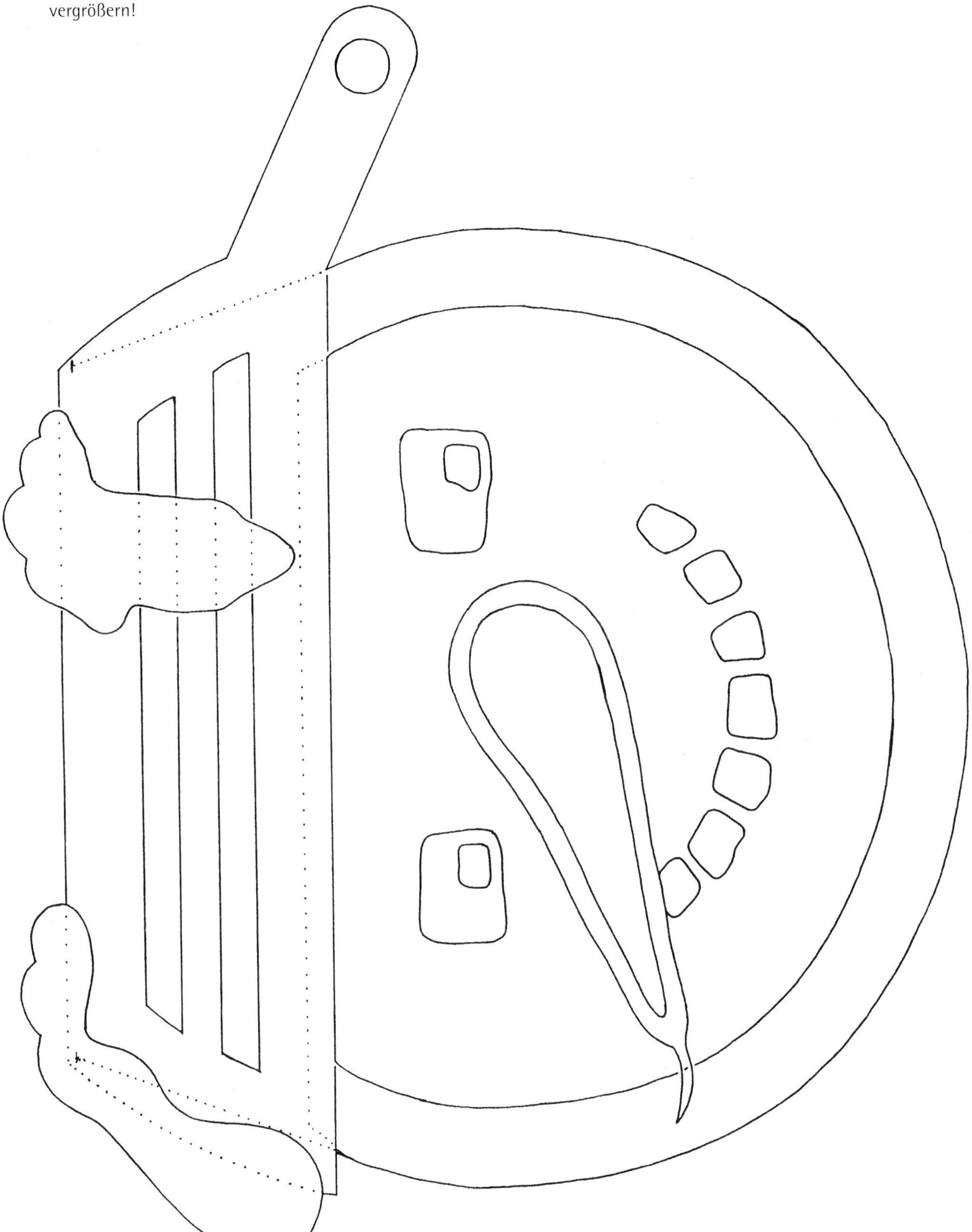

Herstellerverzeichnis

Farben und Lacke:
Marabuwerke GmbH & Co. KG
Asperger Straße 4
71732 Tamm
www.marabu-kreativ.de

Impressum

Modelle: Malte Dose (Seiten 10/11); Monika Neubach-Fesser (Seiten 12/13, 46/47, 54/55, 62/63,64/65); Regina Schlegel (Seiten 14/15); Anna Padberg (Seiten 16/17, 30/31, 36/37, 40/41, 52/53); Christine Müller (Seiten 18/19); M. Ahlmer (Seiten 20/21, 58/59); Werner Schultze (Seiten 24/25, 60/61); Andrea Pfaff (Seiten 26/27); Anke Fürst (Seiten 28/29); Mareike Kern (Seiten 34/35); Ulrike Hundhammer (Seiten 38/39); Anna Kosanova (Seiten 50/51); Brigitte Stürmer (Seiten 66/67)

Fotos: Uzwei Fotodesign (Seiten 10/11, 14/15, 18/19, 24/25, 26/27, 34/35, 42/43, 58/59, 60/61, 66/67); Inge Ofenstein (Seiten 12/13, 16/17, 28/29, 30/31, 36/37, 38/39, 40/41, 46/47, 52/53, 54/55, 64/65); Fotostudio H. Mareth (Seiten 20/21, 62/63); Andreas Gerhardt (Seiten 50/51)

Styling: Anneli Käsmayr (Seiten 10/11, 24/25); Ulrike Hundhammer (Seiten 12/13, 16/17, 28/29, 30/31, 36/37, 38/39, 40/41, 46/47, 52/53, 54/55, 64/65); Ulrike Harter (Seiten 14/15, 18/19, 20/21, 34/35; 62/63); Andrea Pfaff/Monika Pfaff-Kern (Seiten 26/27; 42/43, 66/67); Katrin Baschin (Seiten 50/51); Christiane Käsmayr (Seiten 58/59); Uta Donath (Seiten 60/61)

Redaktion: Petra Hassler

Lektorat: 360°/Eva Hauck und Claudia Huboi, Berlin

Umschlaggestaltung: Christiane Kölble

Repro: Baun PrePress, Fellbach

Druck und Bindung: J.P. Himmer, Augsburg

ISBN-10: 3-89858-717-7
ISBN-13: 978-3-89858-717-4